커피로스팅 2

데이빗, 넬리, 그리고 로스터리와 매장 사진을 찍게 허락해 준

'프라하즈 더블샷 커피Prague's Doubleshot Coffee'의 멋진 스텝들에게 감사드린다.

이 책에 올바른 정보를 싣기 위해 최선을 다했으나, 미처 발견하지 못한 오류 또는 부정확한 내용이 있을 수 있습니다. 저자는 이에 책임을 지지 않습니다.

COFFEE ROASTING—BEST PRACTICES
Copyright 2020 Scott Rao

All rights reserved. No part of this book may be used or reproduced in any manner whatsoever without written permission, except in this case of brief quotations embodied in critical articles or reviews.

Text by Scott Rao Editing by Jean Zimmer

Photographs on pages 45, 51, 55, 75, 89, 98, 106, 122, 123, 132, 135, 141 and 149 copyright 2019 by David Zidlicky

Charts and graphs by Janine Aniko Manlangit Illustrations by Kathryn Avansino Book and cover design by Rebecca S. Neimark, Twenty-Six Letters

이 책의 한국어판 저작권은 저작권자와 독점 계약한 커피리브레에 있습니다.
저작권법에 의해 한국 내에서 보호받는 저작물이므로 무단 전재와 무단 복제를 금합니다.

COFFEE ROASTING — BEST PRACTICES

커피로스팅 2

스콧 라오 지음
최익창 옮김 | 서필훈 감수

머리말

《커피로스팅The Coffee Roaster's Companion》을 쓴 2014년에는 로스팅에 대한 내 생각을 표현할 방법을 찾기 어려웠다. 당시엔 로스팅 전문서적도 없었다. 로스팅에 대한 생산적인 논의를 펼치기 위해 필요한 공통 용어나 업계의 이해도는 크게 부족했고, 대다수 로스터들은 자기 생각을 공유하기를 주저하는 것 같았다. 아마 자신만의 비밀을 공개하기가 꺼려졌거나, 자신이 틀렸을지도 모른다는 두려움 때문이었을 것이다.

그 책을 읽을 독자들의 지식이나 경험치가 어느 정도인지도 확실히 알 수 없었기 때문에 어떤 수준의 로스터가 봐도 도움이 되도록 신경을 쓰면서 글을 썼다. 그리고 이후 4년간, 전 세계 로스터들은 그 책에서 내가 제시한 개념들, 예를 들어 '발현 시간 비율', '지속적으로 내려가는 온도 상승률' 같은 것을 채택했고, 이제 로스터들은 개인이 아닌 단체로서, 로스팅에 대한 일관되면서 실용적인 대화를 진행하고 있다.

《커피로스팅》을 쓸 무렵만 해도 내가 다루어 본 로스팅 머신은 100여 종이었다. 그 덕에 나는 로스팅 진행 과정에 대해 개괄적이면서 균형적인 시각을 얻을 수 있었다. 그리고 이 책을 쓸 무렵에는 내가 다뤄 본 로스팅 머신 종류는 300종을 훌

쩍 넘었고 이런 폭넓은 경험을 통해 로스팅 머신 수십 종 정도로는 얻을 수 없었을 정보를 수집할 수 있었다. 이 책은 나의 이런 경험이 낳은 산물이다. 내가 배운 것들이 여러분의 로스팅 기술 향상에 도움이 되길 바란다.

머리말		4
도입		13

1 새로운 커피를 다루는 방법

익숙하지 않은 생두를 로스팅하는 방법	17
커피의 물리적 속성이 로스팅에 미치는 영향	18
커피콩의 크기	18
수분 함량과 수분 활성도	19
밀도	20
커피콩의 모양	20
결론	21

2 커피 화학과 로스팅 기초

로스팅 과정에서 일어나는 물리적 변화	22
건조 단계	26
갈변화 반응	26
발현 시간	27
탄화	27
로스팅 발현	27

3 품질 자료 수집

가스 압력계	30
온도계	32
알맞은 온도계 크기와 위치	33

4 로스팅 머신 튜닝

드럼 회전수	38
에어플로(Airflow, 공기 흐름) 세팅	39
가스압	41
버너 튜닝	42

5 사전 준비와 균일성

균일한 결과	44
생두 온도	45
로스팅 머신 예열	46
겨울 로스팅 공장 온도 관리	49
배치 간 프로토콜(Between-Batch Protocol, BBP)	51
재현성 마스터하기	52
로스팅 일별 계획	53

6 합리적인 변수 값 잡기

배치 용량	56
투입 온도	57
로스팅 시간	58

7 로스팅 온도 곡선 읽기

방임형 로스팅	62
베이크드한 로스팅	63

플릭(Flick)	66
부드럽게 내려가는 ROR 곡선	68
발현 시간 비율(development time ratio, DTR)의 의미	70

8 커피콩 온도계의 반응 속도와 위치

기술과 과학의 대결	72
데이터 해석	75
프로브 굵기	76
온도계 반응 속도와 ROR 곡선 형태	76
경향과 사건의 대결	79

9 에어플로 제어

댐퍼를 쓸 것인가, 변속 가능 팬을 쓸 것인가?	83
에어플로 제어는 필요 없다	84
드럼 로스터의 조정	84
에어플로 제어가 필요한 로스팅 머신	86

10 기본적인 가스 설정

투입할 때는 가스를 많이, 로스팅을 진행하면서 가스를 점점 줄인다	87
소크(soak)	89
1차 크랙이 다가올 때 기본적인 ROR 관리	90
'소프트' ROR 크래쉬 조정(Fixing 'soft' ROR crashes)	92
'하드' ROR 크래쉬 조정(Fixing 'hard' ROR crashes)	92

1차 크랙 뒤 가스 교정	93
1차 크랙 중 가스 조절 시점	96
유입 공기 온도	98

11 수분 방출 단계와 가스 딥

수분 방출 단계	102
수분 방출 단계를 바탕으로 가스 설정하는 방법	104
가스 딥	107
가스 딥이 가능한 이유는?	107

12 공기 ROR 곡선   113

13 이것저것

간접 가열식 로스팅 머신의 로스팅 전략	117
전기 로스팅 머신 사용	118
소위 마이야르 단계 중 시간 관리에 신경 쓰지 않는 이유	119
필터 커피용 로스팅, 에스프레소용 로스팅	121
'블랙 커피'용 로스팅, '화이트 커피'용 로스팅	123

14 로스팅 후의 품질 관리

색도 측정	125
무게 감소 측정	127
로스팅 발현을 나타내는 다른 지표	127

15 샘플 로스팅과 커핑

샘플 로스팅	129
샘플 로스팅 자료에서 알아낼 수 있는 것과 알아낼 수 없는 것	130
커핑 방법	132
'에스프레소용 로스트' 커핑하기	134
갓 로스팅한 커피 커핑하기	135

16 커피의 저장

생두 포장	138
생두의 장기 보관	139
생두 저장과 로스팅 재현성	139
원두 보관	140
분쇄 커피 보관	141

17 실수와 방해 요소

과도한 자료 가공	143
굵은 온도계 프로브	143
용량이 다른 배치가 너무 많은 경우	145
효과적이지 않은 배치 간 프로토콜	147
자기 만족적인 커핑	147

18 소프트웨어와 자동화

로스팅 소프트웨어 유형	148

간단한, 데이터 기록형 프리웨어(비전문가용)	148
여러 기능이 있는 정교한 프리웨어	149
상업용 로스터리 운영 솔루션	149
통합 소프트웨어	150
소프트웨어를 고르는 법	151
로스팅 관리와 자동화	151
수동 로스팅	152
레시피 소프트웨어 시스템(반자동 제어)	152
자동화 프로파일링 시스템(완전 자동 제어)	153

19 소프트웨어 설치와 문제 해결

소프트웨어를 연결하기 전에 고려할 것	155
연결 준비물	155
로스터리에 맞는 컴퓨터 고르기	156
컴퓨터 연결법	157
작동 여부 확인 방법	157
연결 및 자료 문제 해결	158
전문가의 조언과 피해야 할 단순한 실수	158

용어	160

도입

나는 숙련된 커피 로스터를 위해 이 책을 썼다. 나는 이 책의 독자가 로스팅 머신의 기본적인 부분과 일반적인 로스팅 용어를 알고 있으며 커피콩의 온도나, 온도 상승률(rate of rise, 이하 ROR로 표기) 곡선 같은 개념에 어느 정도 익숙한 상태라고 가정했다. 앞부분은 로스팅에 필요한 기기, 소프트웨어, 부대 용품에 대해, 가운데는 로스팅 머신을 튜닝하는 방법, 일관된 결과를 만드는 방법, 로스팅 곡선을 분석하는 방법에 대해 다룬다. 뒷부분은 가스 공급 관리, 로스팅 온도 곡선 제어, 로스팅 작업 뒤의 품질 관리에 대한 전문적인 내용을 축약했다.

    이 책의 목적은 로스팅 실수를 최대한 줄이면서 커피를 효과적으로 발현시킬 수 있는 시스템을 제시하는 데 있다. 총체적으로 적용하고 약간의 연습만 더한다면, 이 시스템은 제대로 작동될 것이다.—수백 명이 넘는 나의 고객들이 성공했고, 그들 중 상당수는 세계적으로 인정받는 로스터가 되었다. 여러분도 열린 마음으로 이 시스템을 수용하고 시간과 노력을 들여 시도해 보길 바란다.

스콧 라오
캘리포니아, 2019

1
새로운 커피를
다루는 방법

나는 생두 구매 전문가는 아니다. 86점짜리 커피와 87점짜리 커피를 구분하는 능력은 있지만 능숙한 생두 바이어가 되려면 맛 감별을 잘하는 정도로는 한참 부족하다. 내가 아는 생두 구매 기술 정도로는 어림없다는 것을 잘 안다.

    생두 구매에 필요한 기술에 대한 내용만으로 책 한 권이 나올 수 있다. 라이언 브라운의 《커피바이어Dear Coffee Buyer》가 바로 그런 책이다. 나는 오래전부터 그에게 부디 생두 구매 기술에 대한 책을 써달라고 간절하게 부탁을 했었다. 지금 당신이 생두 구매를 계획하고 있다면, 또는 앞으로 커피 산업에 종사하고 싶다면 《커피바이어》를 읽어야 한다. 《커피바이어》의 훌륭한 내용에 내가 덧붙일 말은 없다. 따라서 이 책에서는 생두 구매에 대한 내용들을 다루지 않을 것이다.

    자, 이제 이런 가정을 해 보자. 당신은 로스팅 경험이 약간 있다. 그리고 《커피바이어》를 여섯 번쯤 정독했다. 그리고 이제 처음 보는 커피콩을 로스팅해야 한다. 자, 이 낯선 커피콩과 어떻게 친해질 것인가?

가지에 달린 커피열매

새로운 커피를 다루는 방법

익숙하지 않은 생두를 로스팅하는 방법

처음 보는 커피를 어떻게 로스팅할지 결정할 때, 보통 로스터에게는 세 가지 무기가 있다.

- **개인 경험:** 수천 배치를 로스팅해 본 로스터라면 머릿속에 여러 커피콩에 대한 데이터베이스와 로스팅 중 커피콩의 변화에 대한 정보가 들어 있을 것이다. 노련한 로스터는 과거의 경험을 바탕으로 새로운 커피콩을 로스팅할 세팅값과 시간을 예측한다. 예를 들어 경험 많은 로스터들은 건식 처리한 커피라든가, 크기가 유독 작은 커피콩을 로스팅할 때 가스압을 얼마나 낮춰야 하는지 알고 있다.
- **샘플 로스팅:** 프로덕트 로스팅(production roasting)을 하기 전에, 샘플 로스팅을 먼저 해서 감을 잡는 방법이 있다. 샘플 로스팅을 통해 커피를 어떻게 다루어야 하는지 유용한 통찰력을 얻을 수 있다. 다만 이것은 제한적으로 쓸 수 있다. 샘플 로스팅에 대한 여러 가지 논의는 15장을 참조하자.
- **커피콩의 물리적 속성을 측정:** 생두의 몇몇 물리적 속성은 로스팅 진행 양상에 영향을 미친다. 그중에서도 커피콩의 크기, 모양, 밀도, 특히 수분 함량은 중요한 속성이다. 나는 7에 덧붙여 배치 크기와 생두 처리법(건식인가 수세식인가)도 고려한다.

이상적으로 말하자면, 로스터는 자기가 로스팅하는 모든 커피의 이런 물리적 속성을 최대한 많이 알아야 한다. 로스팅할 커피콩에 대한 데이터베이스가 충분하다면, 이 데이터를 바탕으로 새로운 커피콩이 들어올 때마다 가장 유사한 자료를 찾아낼 수 있다. 그러면 과거 성공적이었던 로스팅의 세팅값이, 새 커피콩의 로스팅 세팅값을 정하는 데 큰 도움이 될 것이다.

다만 데이터베이스를 모으는 작업은 복잡하고 시간도 매우 오래 걸린다. 그래서 조금 빨리 갈 수 있는 지름길을 하나 알려주겠다: 커피콩의 크기와 수분 함량에 집중하자. 이 두 가지 속성은 커피에 따라 큰 차이가 있고 최적 로스팅 세팅값에 가장 큰 영향을 준다. 익숙하지 않은 커피를 로스팅할 예정이라면, 과거의 유사한 경험, 즉 크기랑 수분 함량이 비슷한 커피를 로스팅했던 사례를 찾아서, 가장 성공적이었던 세팅값을 참고하라.

커피의 물리적 속성이 로스팅에 미치는 영향

새로운 커피를 다룰 때, 로스터들은 흔히 처리법(건식인지 수세식인지)과 밀도를 참조한다. 물론 중요하게 다루어야 할 사항이지만, 새로운 커피콩을 로스팅하는 방법을 결정할 때, 로스터가 고려해야 하는 요소의 범위는 더 넓어져야 한다.

커피콩의 크기

다른 모든 요소가 동일하다면, 커피콩의 크기가 클수록 로스팅으로 소모되는 에너지도 더 크다. 예를 들어, 로스팅 머신의 표준 가스압 설정이 0%에서 100%까지이고, 같은 농장에서 생산된 케냐 AA와 케냐 피베리 생두를 각각 같은 시간대에 같은 로스팅 정도로 로스팅하려면, 전자는 최대 가스압을 80%으로 잡고 후자는 65%만 잡을 수 있다.

수분 함량과 수분 활성도

수분 함량은 커피콩에서 물이 차지하는 무게비이다. 일반적으로 수분이 많은 커피콩은 로스팅에 더 많은 에너지가 필요하고 배치 진행 중 더 많은 수증기를 방출한다. 이 수증기는 커피콩의 표면을 식히고 뜨거운 공기의 접근을 방해해서 커피콩 안으로 열이 전달되는 속도를 늦춘다. 원래 수분이 많으면 커피콩의 열전도율이 높아지므로 커피콩 내부로 열이 더 많이 전달되어야 하지만, 그보다는 수증기로 인한 영향이 더 크다.

생두의 수분 함량은 일반적으로 8-12%이다. 수분 함량이 그보다 낮으면 과일 향미가 부족하고 밀짚 같은 향미가 난다(예외적으로 몇몇 산지의 커피는 수분 함량이 낮을 때 달콤해지는 경향이 있다). 수분 함량이 12%를 넘더라도 향기 좋은 커피가 될 수는 있지만, 생두에 미생물이 자랄 가능성이 크고, 이로 인해 향미가 손상되거나 (특히) 소비자의 건강을 해칠 가능성이 있다.

수분 활성도(a_w)는 수분 함량과는 다르지만 관련성은 있다. 사전에 따르면 '수분 활성도'란 물질 내 물의 증기압을 물의 표준 증기압으로 나눈 값이다. 일반적으로, 수분 활성도란 식품 내 결합수 대비 자유수의 양을 말한다. 미생물의 성장에는 물이 필요하고 수분 활성도가 높은 식품에는 매우 다양한 미생물들이 증식할 수 있다.

스페셜티 커피의 수분 활성도 범위는 대략 0.45-0.65이고 고품질 커피콩은 0.53-0.59정도로, 범위가 상당히 좁은 편이다. 수분 활성도는 수분 함량과 관련성이 크다. 따라서 수분 활성도만 따로 떼어내어 커피콩 로스팅에 필요한 에너지에 어느 정도 영향을 주는지 따지기는 어렵다.

수분 활성도를 이용해 로스팅 중 에너지 공급을 조정하는 방법에 대해서는 딱

히 도움을 주지 못할 것 같다. 다만, 수분 활성도가 0.53-0.59인 생두를 사서 시험해 보길 권한다. 이 범위 밖에 있는 커피 중에도 당연히 뛰어난 커피가 있을 수 있다. 그렇지만 이 범위 안에 있는 커피라면 맛도 훌륭하고 에이징이 더 잘 될 가능성이 높다.

밀도

밀도가 높은 커피콩을 로스팅하려면 더 많은 에너지가 필요하다. 예를 들어, 해발 1500m에서 재배한 고밀도 과테말라 커피는, 해발 500m에서 재배한 같은 크기의 저밀도 브라질 커피에 비해 로스팅에 더 많은 가스가 필요하다. 사용하는 생두들의 품질 차이가 크다면 이 점을 중요하게 고려해야 한다. 하지만 고지대에서 재배된 고품질 스페셜티 커피만을 다룬다면 커피콩의 밀도에 민감할 필요는 없다. 밀도 차 때문에 가스 세팅을 변경해야 할 가능성은 낮다.

밀도를 재는 기구는 비싸다. 값비싼 계측기 없이 밀도를 재고 싶다면 '**벌크 밀도**'와 '**배수량**'을 재면 된다. 벌크 밀도를 재려면 계량 용기에 커피를 가득 채우고 무게를 잰 다음, 무게를 부피로 나눈다. 벌크 밀도 측정은 편리하지만 정확하지 않다는 단점이 있다. 커피콩의 크기와 형태에 따라 커피콩 사이의 공극률이 달라서 오차가 생기기 때문이다. 배수량을 재는 방식으로 밀도를 잴 때는, 부피를 알고 있는 용기에 미리 계량한 커피를 담은 다음, 빈 공간을 채울 액체를 부어 용기를 가득 채우고 커피콩의 부피를 계산한다.

커피콩의 모양

커피콩 모양이 로스팅에 미치는 영향을 알아보기 위해, 두 가지 극단적인 가정을 해보자. 하나는 완벽하게 둥근 커피콩이고 다른 하나는 직육면체 모양이다. 두 커피콩의 부피는 같다. 둥근 커피콩은 표면적 대 부피 비가 더 낮고, 표면에서 중심까지의 거리가 더 길다. 그에 비해 직육면체 커피콩은 표면에서 중심부까지의 최단거리가 훨씬 더 짧아서, 중심부 발현이 쉽다. 그렇지만 그슬리거나 끄트머리가 타고 고르게 발현되지 않을 가능성은 더 높다. 표면적 대 부피 비율이 크기 때문에 가장자리 쪽은 타거나 그슬릴 가능성이 높다. 물론 커피콩이 정확히 직육면체이거나 둥근 모양일 수는 없다. 그러나 이런 극단적인 가정을 통해, 둥근 모양일수록 결점 없이 고르게 로스팅하기 쉽다는 사실을 알 수 있다.

결론

처음 보는 커피콩을 로스팅하는 방법을 찾는 간단한 공식은 없다. 그렇지만 노련한 로스터라면 세팅값을 막연히 짐작하는 대신에 체계적으로 접근하는 방법을 택할 것이다. 그런 로스터는 샘플 로스팅에서 얻은 자료, 생두의 물리적 수치, 유사한 커피를 로스팅했을 때 얻은 통찰력을 조합해 적절한 세팅값을 잡아서 새로운 커피콩의 첫 배치를 진행할 것이다.

2
커피 화학과 로스팅 기초

마이야르 반응(Maillard reaction), 캐러멜화(caramellization), '건조 단계', 그리고 몇 가지 로스팅 화학 관련 내용은 로스터들이 즐겨 이야기하는 주제이다. 그러나 로스팅 화학 지식을 적용해 더 나은 향미를 만들어 낼 수 있는 실용적이면서 정확한 조언은 거의 없다. 로스팅 화학에서 알아낼 수 있는 지식이 100 존재한다면, 지금까지 알아낸 지식은 1 정도이고, 그 지식들조차도 대개는 실용화하기 어렵거나 불가능하다. 이 장에서는 기초적인 로스팅 화학을 다룰 텐데, 실용적인 조언보다는 일반적인 관심거리로서만 제시할 것이다. 로스팅 화학에 대한 상세한 내용을 담은 책과 과학 자료는 쉽게 찾을 수 있다. 그런 주제가 흥미롭다면, 말리지 않겠다. 뛰어들어 보기 바란다. 그러나 그 공부를 한다고 더 나은 로스터가 될 거란 기대는 말자.

로스팅 과정에서 일어나는 물리적 변화

로스팅으로 나타나는 가장 뚜렷한 물리적 변화는 커피콩의 '갈변화', '팽창', '수분 감소'이다. 로스팅을 통해 커피콩은, 수분이 줄어들고, 내부 압력이 커지며, 부피는

커피 화학과 로스팅 기초

두 배 가까이 커지고, 무게는 줄어든다. 크기가 커지는 동시에 무게가 줄어들기 때문에, 밀도는 절반 정도로 낮아진다.

로스팅 중 커피콩 내부에서는 수분이 만들어지는 동시에 수분의 대부분이 빠져나간다. 원두의 수분 함량은 대개 1-2%인데, 거의 대부분의 수분이 셀룰로스 구조 내에 갇혀 있다. 로스팅 중 무게 감소량은 해당 배치의 초기 수분 함량과 로스팅 정도에 따라 달라진다. 무게 감소량은 약로스팅 스타일인 '제3세대 로스트'에서 13-15%이고 스타벅스에서 흔히 볼 수 있는, 2차 크랙 초기까지 진행하는 로스트에서 20% 이상, 검정색이 날 정도로 강하게 로스팅한 경우에는 25%까지도 간다.

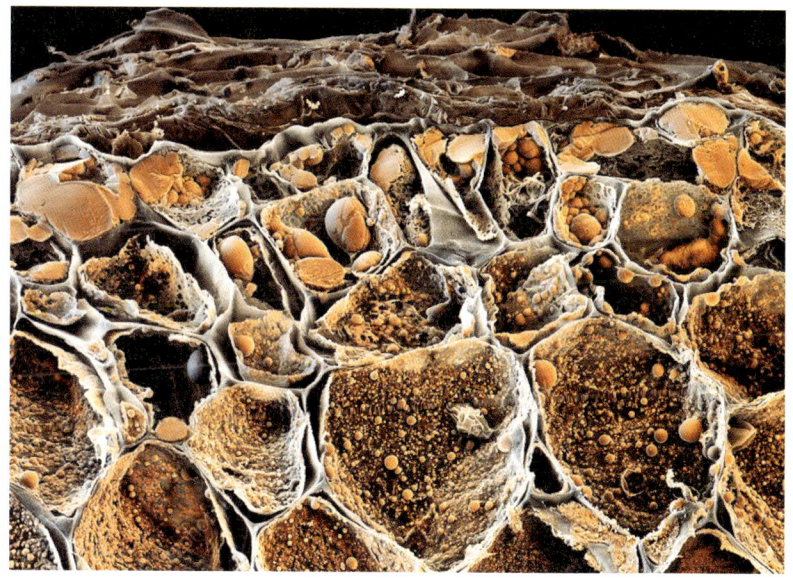

커피콩의 내부는 셀룰로스 가닥이 얽혀 있는 구조이다. 셀룰로스는 이리저리 교차하면서 빈 공간을 대략 백만 개 만들어 낸다. 여러 가지 고형물과 지질이 셀룰로스를 덮고 있다. 그리고 커피콩의 8-12% 정도의 수분이 들어 있다. 현미경으로 본 커피는 꽤나 흉측한 몰골이다.

커피로스팅 2

생두에 들어 있는 화학 성분 상당량은 원두에도 그대로 남아 있다. 또한 로스팅 과정을 거치며 많은 성분이 새로 만들어진다. 로스팅 중의 화학 변화에서 몇 가지 강조할 것은 다음과 같다.

- 클로로겐산 분해
- 생두에 있던 자유 수크로스 거의 소멸
- 다당류 생성
- 다당류가 저분자 당으로 분해
- 당과 아미노산의 반응으로 특유의 '원두' 향미 생성
- 캐러멜화를 통해 당이 갈변화됨
- 강로스팅에서 유기물의 탄화

널리 알려진 것과는 달리, 로스팅 중 카페인은 아주 소량만 사라진다. 하지만 로스팅을 하면 커피콩의 무게는 감소하므로 커피 대 카페인의 무게비는 오히려 늘어난다. 그러므로, 약로스팅 커피와 강로스팅 커피를 동일 추출비로 뽑아 동일 농도의 음료로 만들었다면, 강로스팅 커피 음료의 카페인 함량이 더 높다.

로스팅 중에 기체가 만들어지면서 커피콩 내부 압력이 높아진다. 1차 크랙까지의 압력 상승에 대한 견해들이 크게 엇갈리긴 하지만, 추정하기로는 중앙값은 대략 10기압이다. 로스팅으로 인해 커피콩의 셀룰로스 구조가 약해지고 내부 압력이 높아지면서, 약해진 구조로는 버티기 힘들 만큼 내부 압력이 쌓이는 시점에 도달한다. 이 시점에 1차 크랙이 일어나고, 커피콩의 구조가 부서지는 소리가 나면서 기체가 방출된다. 이 기체는 주로 수증기이다.

커피 화학과 로스팅 기초

1차 크랙은 천천히 시작해 이후 빨라졌다가 다시 느려지며 1~3분 지속된다. 1차 크랙이 끝나고 얼마 지나지 않아 2차 크랙이 시작된다. 2차 크랙에서 또다시 기체가 방출되는데, 이번에는 주로 이산화탄소가 나온다. 셀룰로스 구조가 더 약해지고 부서지면서 기체가 방출되는 것이다. 2차 크랙이 시작될 즈음, 일부 커피콩 표면에는 기름이 배어 나온다. 이 또한 커피콩 내부 압력이 높아지면서 약해진 내부 구조를 넘어설 정도가 되었음을 알리는 징표이다.

건조 단계

매 로스팅 배치별로 초반 몇 분을 흔히 '건조 단계'라고 부르는데, 이 말에는 약간 오해의 소지가 있다. (일반적인) 로스팅 과정에서 처음 60-90초 동안 수분은 거의, 또는 전혀 방출되지 않는다. 커피콩 속 어떤 부위도 증기가 나올 정도의 (끓는) 온도까지 도달하지 못했기 때문이다. 그 다음 몇 분 동안 커피콩의 표면층에서부터 내부까지 차츰 데워지면서 증기가 발생한다. 수분은 지속적이면서 빠른 속도로 방출된다.

갈변화 반응

'건조 단계'를 지난 커피콩은 연이어 두 단계의 비효소적 갈변화 반응에 들어선다. 먼저 마이야르 반응, 그 다음 캐러멜화가 일어난다. 수분 함량이 충분히 낮아지면 마이야르 반응이 시작된다.

마이야르 반응은 로스팅 중 여러 가지 환원당과 아미노산 사이에서 일어난다. 마이야르 반응으로 많은 것이 만들어진다. 커피의 향미 같은 물질은 물론, 복합성을 이루는 상당 부분이 이 과정에서 만들어진다. 마이야르 반응으로 만들어진 향미 중 가장 잘 알려진 것으로 불에 구운 고기, 구운 빵을 연상시키는 향미가 있다.

마이야르 반응은 커피 향미에 필수적이다. 그렇지만 로스팅 중 마이야르 단계를 거치는 시간과 향미의 상관관계를 지나치게 높게 추정하는 로스터들이 많다. 이 내용에 대해서는 13장을 참조하기 바란다.

마이야르 반응이 한풀 꺾일 때쯤 캐러멜화가 주도권을 잡는다. 캐러멜화로 인해 커피콩은 짙은 갈색으로 변하면서 새로운 향이 나타난다. 커피에 남아 있는 나머지 자유당이 분해되며, 달콤쌉쌀(bittersweet)한 맛이 생긴다.

커피 화학과 로스팅 기초

발현 시간

캐러멜화가 진행되는 중 1차 크랙이 시작되면, 발현(시간)이라 알려진 로스팅 단계로 들어선다.

로스팅 단계별 명칭이 대체로 그렇지만, '발현 시간' 또한 오해를 불러일으키기 쉬운 용어이다. 엄격히 말해, 발현 시간은 1차 크랙부터 로스팅이 끝날 때까지의 시간을 말한다. 그러나 부디 발현 시간이 길수록 '로스팅 발현'도 같이 길어진다고 생각하지 않길 바란다. 발현 시간과 로스팅 발현 관계는 그렇게 간단하지 않다.

탄화

굳이 2차 크랙 중반까지 로스팅을 진행한다면, 탄화가 일어나 커피콩이 검어진다. 그렇게까지 강하게 로스팅한 커피를 즐기는 이들을 비난할 수는 없지만, 시커멓게 탄화된 커피의 인기가 지난 수십 년을 거치며 사그라들고 있는 것에 대해서는 피츠 커피, 스타벅스 및 여러 업체들의 노고가 있었고, 이에는 감사드리고 싶다. 강한 로스팅은 커피콩의 품종에 따른 특성과 향미의 뉘앙스를 파괴하는 것은 물론, 기름기를 커피콩 표면으로 밀어내어 커피콩을 급격히 산패시킨다. 산패한 기름은 맛은 물론 건강에도 나쁘기 때문에 반드시 피해야 한다.

로스팅 발현

여기서는 커피콩의 셀룰로스가 부서지는 단계를 '로스팅 발현'이라 부른다. 로스팅이 진행되면 셀룰로스는 점점 말랑말랑해지다가 구멍이 숭숭 뚫리면서 점차 부서지기 쉬운 상태가 된다. 그래서 그라인딩할 때 커피콩이 효율적으로 분쇄되고 구멍 뚫린 형태 덕분에 추출 중에 액체가 분쇄 입자 속으로 들어왔다가 나갈 수 있다. 커피콩이 당신의 목표만큼 부서지기 쉬운 상태가 아니고 구멍 뚫린 상태가 아니라면, 아직 '덜 발현된' 것이다. 덜 발현된 커피는 풋내가 나고 추출 수율이 낮다. 로스팅 발현이 단순히 커피콩의 색을 시커멓게 만드는 작업이 아니라는 점을 기억하자. 물론 바깥쪽을 시커멓게 로스팅하는 것이 발현을 높이는 가장 쉬운 방법이긴 하지만, 숙련된 로스터라면 커피콩의 외벽을 아주 약하게 로스팅해도 내부까지 완벽하게 발현시킬 수 있다.

이제, 로스팅 결점은 최소화하면서 로스팅 발현은 최대화하는 방법에 대해 이야기할 때다.

# 3

품질 자료 수집

이 책은 로스팅 머신을 가지고 있거나, 또는 최소한 어느 정도의 로스팅 경험이 있는 사람들을 위한 책이다. 당신이 초심자이고 로스팅 머신을 구매할 계획을 가지고 있다면 조만간 출간할 e-book 《How to Choose a Roasting Machine》을 읽어 보기 바란다. 여기서는 로스팅 머신을 구매할 때 고려해야 할 여러 가지 사양 및 개선 사항에 대해 다루었다.

이 장은 로스팅 머신의—늘 그런 것은 아니지만—기준이 되는 두 가지 중요한 주제만 다루려 한다. 하나는 '가스 압력계'이고, 다른 하나는 정확도 높고 적절한 위치에 장착한 '커피콩 온도계'이다. 이 도구들은 로스팅의 중심 내용인 성분 투입과 결과를 추적한다는 점에서 매우 중요하다. 압력계는 투입(input)에 해당하는 기체의 압력을 잰다. 커피콩 온도계는 커피콩의 온도라는 가장 중요한 결과를(output) 잰다. 지금 사용하는 로스팅 머신에 이 둘 중 하나라도 없다면, 지금 바로 제대로 설치하자.

당신은 로스팅 머신 제조업체가 왜 애초에 이 두 가지 계기를 우선적으로 장착하지 않는지 궁금할 것이다. 여기엔 역사적 배경이 있다. 로스팅 데이터를 기록하는 소프트웨어가 널리 쓰인 것은 기껏해야 10-12년 전이다. 그전에는 정확한 자료를 수집할 필요가 있다고 생각한 로스터가 거의 없었다. 그래서 대부분의 로스팅 머신에는 두툼하고 반응이 느린 온도계가 달려 있거나, 그나마도 아예 없는 경우가 많았다!

데이터 기록 장치가 막 개발된 초기, 로스팅 머신 제조업체들은 고품질 온도계와 압력계를 장착해 달라는 고객 요청을 무시했다. 이에 용감무쌍한 홈 로스터들이 자기 로스팅 머신을 자체적으로 개선하기 시작했고, 그 자료를 인터넷으로 올렸으며, 정확한 로스팅 자료의 가치를 널리 일깨워 주었다. 그리고 최근 10년 동안, 로스팅 머신 제조업체들도 로스팅 머신의 데이터 수집 시스템을 현대화하는 방향으로 변화했다.

해야 할 일은 여전히 많다. 몇몇 인기 머신들은 아직도 적절한 온도계와 압력계를 갖추지 못했다. 여러분이 최신 기술 사양이 반영된 새 머신을 가지고 있다 해도, 이 장을 읽고 그 머신이 정말 고품질 자료를 수집하기에 최적의 상태인지 확인하면 좋겠다.

가스 압력계

로스터는 로스팅 중 언제나, 정확히 어느 정도의 가스가 공급되고 있는지 알 필요가 있다.* 그렇지만 실제 가스 사용량을 읽을 수 있는 압력계가 달려 있는 로스팅 머신은 많지 않다. 특히, 가스 밸브와 버너 사이에 압력계가 없는 경우가 많다. 그리고

- 엄격히 말하자면 반드시 그래야 하는 것은 아니다. 가스 압력계 대신에 내부 온도계를 쓸 수도 있기 때문이다. 그렇지만 관련 내용은 이 책이 다루는 범위를 넘어선다.

품질 자료 수집

왼쪽 아날로그식 압력계는 미적으로 매력이 있다. 그러나 정밀한 수치를 측정하기 어렵다. 예를 들어, 사진 속 로스팅 머신의 버너의 최대 허용 가스 압력은 20밀리바인데, 이는 본 압력계의 탐지 범위 중 일부에 불과하다. 정밀하게 로스팅을 재현하려면, 로스팅 배치 세팅을 가능한 한 10.1밀리바나 10.2밀리바에 정확히 맞추고 둘을 분간할 수 있어야 한다. 그렇지만, 이 압력계를 가지고서는 10.1밀리바와 10.2밀리바를 그만큼 정밀하게 구분할 수 있을지 의문이다.

오른쪽 품질 좋은 디지털 압력계로 노이즈를 배제할 수 있고, 프로그래밍을 통해 원하는 정밀도를 설정할 수 있다.

설령 압력계가 달려 있다 해도, 상당수는 해상도가 너무 낮아 무용지물이다. 예를 들어, 로스팅 머신에 사용되는 가스 압력은 통상 0-8수주 인치(inch H_2O)인데, 달려 있는 압력계는 0-25수주 인치까지 측정하는 모델인 경우이다. 즉, 실제로 봐야 할 내용이 압력계 일부 영역에 몰려 있어, 정확히 읽는 것도 재현하는 것도 불가능하다. 여러 가지 압력계에 대한 상세한 내용은 이 책에서 다루는 범위를 넘어선다. 다만, 여러분이 압력계에 대해 공부하고 적절한 것을 고르기 위해 들인 시간은 충분히 값어치를 할 것이다. 최근에는 측정 정밀도를 높일 수 있는 품질 좋은 디지털 압력계가 공급되기 시작했다.

어떤 로스팅 머신은 정확한 압력계가 없고 컨트롤 패널에 '가스%'가 붙어 있다. 이 퍼센트 값은 일반적으로 가스 압력 수치가 아니라 밸브 세팅값이다. 즉 30%라고 하면 가스 밸브가 30% 열려 있다는 말이다. 이 경우 들어오는 가스압이 달라지면 버너의 출력도 달라지지만 읽는 값은 여전히 30%라는 문제가 있다. 가스 인입 압력이 언제나 일정하다면, 이런 로스팅 머신도 괜찮다.

가스 인입 압력은 하루 중에도 변할 수 있고(가스 공급 장치에 로스팅 머신 외에 다른 기기가 물려 있다면), 일년 중에도 변할 수 있으며, 또는 거의 변하지 않을 수도 있다. 인입 압력이 계속 달라진다면, 로스팅 결과물이 일정하지 않아도 그 이유는 절대 알아낼 수 없을 것이다. 로스팅 설비가 이렇게 불안정하다면, 가스가 들어오는 쪽에 압력계와 레귤레이터를 달아 인입 압력을 일정하게 만드는 것이 좋다.

온도계

온도계는 저항온도센서(RTD)와 J형 또는 K형 열전대(thermocouple, 서모커플)형 모두 쓸 수 있다. 반응성이 좋은 온도계를 사용하고 프로브 위치를 잘 잡으면 효과적이다. 온도계의 반응 속도는 직경과 관련이 있다. 일반적으로 프로브 직경이 짧은 것이 긴 것보다 반응 속도가 더 빠르다. 열적 질량이 더 적어서 온도 변화도 더 빨리 일어나기 때문이다. 그러나 로스팅 머신 제조업체들은 직경이 긴 것을 선호한다. 아마도 굵으면 파손이 덜 되기 때문이겠지만, 더 정확한 온도 자료를 더 신속하게 얻어 내는 것의 가치를 몰라서일 수도 있다. 나는 반응 속도 빠른 온도계 장착을 주장했고, 로스팅 머신 제조업체들 중 상당수는 상관 없다며 반대했다. 그래도 일부 업체들이 점차 이 문제에 관심을 가지기 시작했다. 이제까지 아무도 그런 요구를 한 적이 없었기 때문이다.

또 다른 문제로는, 로스팅 머신 제조업체들은 온도계를 드럼 축에 바짝 붙여서 설치하는 경우가 많다는 사실이다. 이런 경우, 배치 용량을 가득 채우면 프로브가 커피콩 속에 파묻히겠지만, 배치 용량을 다 채우지 않았을 때는 커피콩의 온도를 정확히 측정하지 못한다. 프로브가 커피콩 더미에 파묻히지 않기 때문이다.

알맞은 온도계 크기와 위치

나는 지름 2.5-4mm짜리 온도계를 권장한다. 경험상, 이보다 굵은 것은 반응이 너무 느렸고, 더 가는 것은 노이즈가 많았다. 대략 3mm 정도가 반응 속도와 노이즈 간 균형이 가장 좋다.

소량 배치를 로스팅할 때에도 프로브가 커피콩 더미 가운데 닿을 수 있게 위치를 잡아야 한다. 온도계 위치는 매우 중요하다. 프로브가 드럼 가운데에 너무 붙어 있으면(즉, 축 근처에 붙어 있는 경우) 커피콩이 프로브 주변만 돌아다닐 것이고, 결국 온도계는 커피콩의 온도를 제대로 측정하지 못한다. 배치 용량과 드럼의 회전 속도는 커피 더미의 움직임에 영향을 미친다. 따라서 가장 안전한 방법은 최소량 배치

커피로스팅 2

프로브가 중심축에 너무 가까이 있으면, 배치 용량을 줄였을 때
정확한 온도를 잴 수 없다.

품질 자료 수집

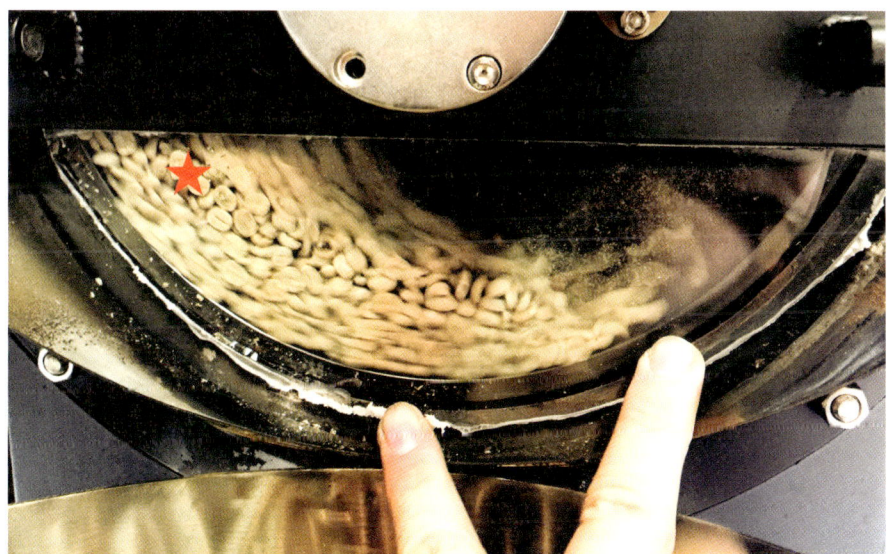

위   드럼이 시계 반대 방향으로 돌아가는 경우, 프로브를 꽂을 완벽한 자리

아래   배치 용량이 다르고 드럼 회전수가 다를 경우 커피콩 더미의 위치를 확인할 수 있게, 저자의 친구 마크가 로스터의 금속판 배출구를 떼어 내고 투명 플라스틱 배출구로 바꿔 달았다. 붉은색 별표는 프로브를 꽂기에 이상적인 위치이다.

에서도 프로브가 커피콩 더미에 파묻힐 수 있게 위치를 잡는 것이다.

소형 머신이라면, 프로브 끝이 드럼 내부 테두리에서 2-3cm, 전면부에서 2-3cm 떨어진 곳에 설치하는 것이 좋다. 대형 머신(12kg 이상)이라면, 드럼 내부 테두리에서 3-4cm, 전면부에서 3-4cm 떨어진 곳에 설치할 것을 권한다.

구멍을 뚫기 전에, 온도계를 꽂을 곳이 커피콩을 섞는 날개판 회전에 지장이 없는지 확인해야 한다. 새 위치가 안전하다고 확신한다면, 로스팅 머신을 끄고 구멍을 낸 다음, 로스팅 머신을 가동시킨 상태에서 잘 부러지는 가느다란 나뭇가지 또는 플라스틱 막대를 구멍 안으로 밀어넣어 어느 깊이까지 넣어야 안전한지 확인한다.

4
로스팅 머신 튜닝

로스팅 상담을 하다 보면, 고객들은 보통 내가 손을 대자마자 로스팅 곡선이 좋아지기를 기대한다. 물론 나도 그렇게 되길 바란다. 간혹 실제로 그런 경우도 있지만, 일반적으로 고객들의 로스팅 머신은 최적 로스팅이 가능하게 튜닝된 상태가 아니었다. 언제나 훌륭하게 로스팅하기 위해서는 로스팅 머신을 튜닝하고, 로스팅 작업에 관한 양질의 데이터를 모을 수 있는 도구가 있어야 한다. 로스팅 곡선을 잘 만들 수 있게 노력하는 작업은 이쪽 주제를 다루고 나서 진행해야 한다.

잘못된 위치에 달아 놓은 반응 느린 온도계, 회전수가 맞지 않은 드럼, 정확하지 않은 가스 압력계는 흔한 문제들이다. 사실 이런 문제는 너무 흔해서 제대로 설치된 로스팅 머신을 찾는 게 더 어려울 정도이다. 이런 문제를 해결하는 즉시, 로스팅 결과물은 좋아진다. 온도계 크기와 위치는 한 번만 결정하면 되지만, 온도계가 잘 밀착되었는지, 깨끗하게 청소되었는지, 드럼 회전수는 어떤지, 가스압은 어떤지 검사하는 작업은 최고의 로스터라면 일상적으로 진행해야 한다.

드럼 회전수

로스팅 중 커피콩을 고르게 섞어 주면서, 그슬리거나 일부가 타는 현상(전도식 열 전달이 너무 많을 경우에 나타나는 부작용)을 가능한 줄이려면, 드럼 회전수(단위는 분당 회전수, RPM을 사용한다)가 반드시 적절해야 한다. 로스팅 머신 제조사의 설정값이 맞을 거라 생각해서는 안 된다. 몇몇 제조사의 로스팅 머신은 동일 모델인데도 회전수가 크게 다른 경우가 종종 있다.

재래식 드럼 로스터라면, 최적 회전수를 결정하는 최우선 결정 인자는 드럼의 지름이다. 드럼 형태는 로스팅 머신 브랜드별로 다르기 때문에(예를 들어, 같은 15kg 용량이라도 어떤 드럼은 지름이 크고 길이는 짧은 모양, 어떤 드럼은 지름은 작고 길이가 긴 모양) 표에서 제시한 권장 회전수는 추정치일 뿐 철칙은 아니다.

머신 용량	드럼 회전수(분당 회전수)
1-2kg	70-80rpm
5-7kg	60-70rpm
12kg	52-56rpm
15kg	50-54rpm
30kg	46-50rpm

드럼 회전수가 너무 높거나 너무 낮으면, 커피콩이 드럼 내부 벽에 너무 오래 붙어 있어서 그슬리거나 탈 가능성이 높다. 드럼 회전수가 적절한 범위 안에 있을 때, 로스팅 결점을 최소화한, 깔끔하고 부드러운 맛의 커피를 만들 수 있는 최적의 기회가 온다.

에어플로(Airflow, 공기 흐름) 세팅

로스팅 중 에어플로는 열과 연기, 채프를 빼내고 대류열을 전달하는 작용을 한다. 에어플로가 너무 느리면 커피에서 매캐한 냄새가 난다. 이 문제를 빼면 대류열은 직접적으로는 향미에 영향을 끼치지 않는다. 다만 배치별로 에어플로 세팅을 바꿀 경우 대류열은 간접적으로 향미에 영향을 미치는데, 들어오는 열과 나가는 열 사이의 균형이 바뀌고, 커피콩의 ROR 곡선 형태가 달라지기 때문이다.

로스팅에 필요한 에어플로가 정확히 어느 정도라고 말하기는 어렵다. 아래 언급하는 요소들을 감안하면 합리적으로 적당한 범위가 잡힐 것이다. 그러나 이 권장 사항은 재래식 드럼 로스팅 머신에만 적용된다. 간접 가열식 로스팅 머신을 쓴다면, 13장의 해당 머신 관련 에어플로 제어 부분을 참조하기 바란다. 로링(Loring) 사의 로스터를 쓴다면 이 장은 보지 말자. 이 머신은 에어플로 제어와 버너 튜닝이 사전 설정되어 출시된다.

재래식 드럼 로스터는 에어플로 조정을 위해 '담배 라이터 테스트'를 한다. 로스팅 중반부 무렵 트라이어(샘플러) 구멍에서 대략 1cm 정도 떨어뜨린 상태에서, 담배 라이터 불을 켜서 불꽃이 구멍 방향으로 어느 정도 기울어지는지 각도를 살펴본다. 구멍에서 공기가 나와서 불꽃이 반대 방향으로 향하면 에어플로가 너무 느린 것이다. 불꽃이 구멍 쪽으로 60-90℃ 정도로 기울어져 있다면 에어플로가 알맞은 것이다. 구멍 쪽으로 공기가 너무 많이 빨려들어가 불꽃이 꺼질 정도라면, 에어플로가 너무 빠른 것이다. 이 테스트에서 '알맞은' 각도 범위가 나오면, 에어플로 범위 또한 최적 수준까지는 아닐지라도 적절한 수준은 된다.

드럼에서 채프와 연기가 빠져나갈 수 있게, 로스팅 후반에 너무 많은 열이 갇히지 않게 에어플로를 충분히 주자. 원두를 배출할 때 상당한 양의 연기가 피어오

커피로스팅 2

르거나 냉각조에 커피콩과 함께 채프가 눈에 띌 정도로 많이 섞여 있다면, 에어플로가 너무 약했을 가능성이 있다.

    로스팅 머신의 에어플로 설정이 너무 센지 아닌지 판별하기는 어렵다. 담배 라이터 테스트를 할 수 있지만, 이 테스트는 정밀하지 않다. 에어플로가 너무 셀 경우, 실력 있는 로스터라면 몇 가지 징조를 눈치챌 수 있다. 예를 들어 드럼에서 배출되는 공기 온도(environmental temperature, ET) 곡선이 초반에 튀듯이 올라가다가 1차 크랙 전에 떨어진다든가, ROR 크래쉬(ROR crash)가 왔을 때 이를 회복하기가 어렵다든지, 통상 작업 때보다 로스팅 시간이 약간 더 길어지는 현상이 나타난다.

    드럼과 배기 팬 사이의 덕트에 공기압을 잴 수 있는 압력계가 없다면, 하나 달

로스팅 머신 튜닝

이 배치는 에어플로가 너무 약했거나, 엄청나게 강하게 로스팅했다.

아 두는 게 좋다. 공기압은 에어플로를 가늠할 수 있는 유용한 수단이다. 압력계가 있으면 날씨가 변하더라도 에어플로를 일정하게 유지하는 데 도움이 된다. 가능하다면 압력 수치를 로스팅 소프트웨어로 전달해 공기압을 자동 기록할 수 있는 입력계를 찾길 바란다.

가스압

로스팅 머신 옆면 어딘가에는 철제 명판이 붙어 있다. 명판에는 전기와 가스 요구사항이 적혀 있을 것이다. 대부분의 로스팅 머신 제조업체 웹사이트에도 로스팅 머신 모델별로 전기와 가스 요구 사항이 나와 있다. 그런데 내가 상담하면서 보니, 놀라울 정도로 많은 머신들의 가스압 설정이 너무 낮았다.

여기서 잠시, 로스팅 머신의 가스 요구량에 대해 알아보자. 가스압이 맞지 않으면 로스팅 허용량이 제한되고 로스팅이 느려진다. 로스팅 머신을 설치하기 전에, 가스압과 가스관 직경이 로스팅 머신에 적합한지 확인하자. 로스팅 머신 제조업체가 표기한 권장 범위 중 최대값이 권장 가스압이다. 즉, 제조업체 권장사항이 3-5kpa라면, 가능하다면 5kpa 압력이 들어오게 하자.

현재 가스압이 얼마인지 모른다면, 에어플로 설정과 투입 온도를 알맞게 한 상태에서 배치 용량의 75%를 넣었을 때 12분 이내에 로스팅이 완료되는지 확인하자. 제대로 된다면, 가스압이 적절하다고 봐도 좋다.

버너 튜닝

신종 로스팅 머신에는 '연료 분사 방식' 버너가 장착된 경우가 많다. 이 버너는 공기 대 연료 비율을 조정해 최적 연소를 실현한다. 이런 로스팅 머신은 배송되자마자 기술자가 버너를 최적 비율로 조정해 주어야 한다. 구식 로스팅 머신에 달려 있는 일반 버너와 달리, 현대식 버너는 연료 효율성이 훨씬 좋고 연소 후 배출되는 물질도 적다.

일반 버너를 장착한 로스터의 에어플로를 바꿀 경우 로스팅 품질, 연소 품질 모두가 영향을 받는다는 점을 명심해야 한다. 불꽃이 선명한 푸른색을 띠도록, 에어플로 값 범위를 찾는 것은 비교적 쉽다. 일반적인 에어플로 값에서 불꽃이 푸른색이 아니라면, 로스팅 머신 제조업체에 연락해야 한다. 불꽃이 안정적이고 푸르스름하다면 공기 대 연료 비율이 알맞은 것이다.

로스팅 머신 튜닝

대부분의 로스팅 머신 옆면에는 가스와 전기 요구량이 적힌 명판이 붙어 있다.

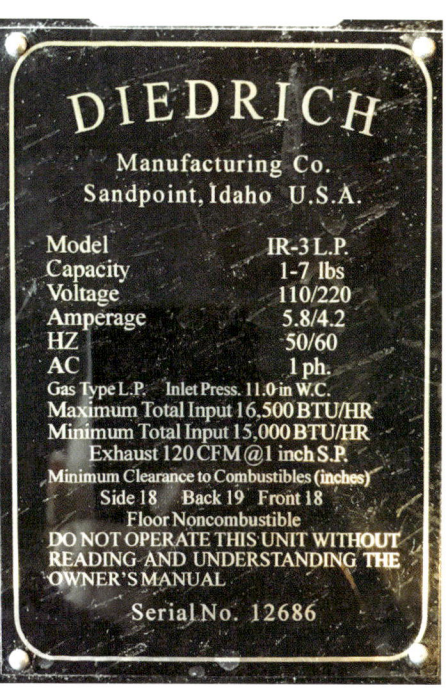

조퍼 사 로스팅 머신의 불꽃. 튜닝이 절실해 보인다.

5
사전 준비와 균일성

균일한 결과

현대 기술로는 완벽하게 같은 로스팅을 하는 것은 불가능하다. 로스팅 설비 주변 온도와 생두 온도를 장악하더라도, 배치마다 효율적인 프로토콜을 쓰고 최적 데이터 기록 기기를 갖추었다 할지라도, 매번 완벽하게 똑같은 로스팅을 복제하지 못할 것이다. 산업용 로스팅에서, 아무리 최고의 로스터라고 할지라도 숙련된 커퍼가 눈치채지 못할 정도로 로스팅을 반복적으로 재현하기란 거의 불가능하다.

고객이 "원두를 어디서 사면 좋을까요?" 하고 물을 때 내가 자신 있게 대답하지 못하는 가장 큰 이유는 바로 불균일성 때문이다. 내가 아는 한 최고의 로스터들도 자신이 했던 최고의 로스팅을 다시 재현하기 어려워한다.

불균일한 로스팅 요인 몇 가지는 제어하기가 어렵다. 그렇더라도 변수들을 더 많이 제어하거나 배제할수록 로스팅의 재현 가능성은 더 높아진다. 여기 재현 가능성을 높이는 데 도움이 될 만한 전략들을 몇 가지 소개한다.

사전 준비와 균일성

생두 온도

로스팅 재현성을 높이는 가장 쉬운 방법은 생두의 온도를 안정적으로 유지하는 것이다. 언제나 일정한 온도의 생두를 투입하면 훨씬 더 균일한 로스팅 결과물을 얻을 수 있다. 사실, 하루 중에도 생두 온도가 조금씩 달라지는데 어떻게 동일한 로스팅을 할 수 있겠는가? 크롭스터(로스팅 온도 기록 소프트웨어)의 온도 곡선이 동일하게 나오더라도 이는 생두 표면 온도만을 반영한다는 점을 잊지 말자. 투입시 커피콩의 내부 온도가 다르다면, 크롭스터의 온도 곡선이 동일해도 향미가 동일하게 나오지 않는다.

대형 로스팅 공장에서 대기 온도를 늘 일정하게 유지하는 것은 비효율적인 방

법일 수도 있다. 그렇지만 온도 유지를 위해 몇 가지 시도를 해 볼 가치가 있다. 최소한 대기 온도가 16℃ 아래로 내려가거나 27℃ 위로 올라가는 상황은 막아 보자. 필요하다면 로스팅 머신을 좀 더 작은 공간으로 옮기는 것도 방법이다. 이쪽이 환경을 제어하기가 더 쉽다.

로스팅 머신 예열

하루 첫 번째 배치는 예측하기도 제어하기도 어렵다. 그래서 많은 로스터들은 첫 번째 배치 로스팅을 마스터하기를 포기하는 듯하다. 그러다보니 1차 배치로 디카페인 커피, 또는 중요도가 떨어지는 커피를 별 생각 없이 로스팅하는 경우가 많다.

사전 준비와 균일성

중요도가 떨어지는 커피를 첫 배치로 로스팅하는 것은 나름 이해가 간다 해도, 그 배치를 가능한 잘 로스팅하도록 조정하지 않는 것은 변명의 여지 없이 무책임한 행동이다. 간단히 생각해 보자. 첫 번째 배치를 더 잘 로스팅한다면 다음 번 배치도, 그 다음 배치도 더 쉽게 로스팅할 수 있지 않을까?

> **로스팅 머신의 권장 예열 절차**
> 1. 중간 정도의 불로 가열해 커피콩 온도계 수치를 투입 온도+20℃까지 올린다.
> 2. 투입 온도+20℃ 상태로 25-30분간 구동한다(날이 추우면 10-20분 더 돌린다).
> 3. 가스 공급량을 줄여 커피콩 온도계 수치를 투입 온도+5℃로 맞추어 5-10분간 돌린다.
> 4. 배치 간 프로토콜을 진행한다.
> 5. 커피콩을 투입한다.

모든 로스팅 머신에 적용되는 상세 예열 프로토콜이나 배치 간 프로토콜을 처방하기란 불가능하다. 다만, 효율적인 예열 방법을 위 글상자에 올려 두었다. 실험해 보고, 필요하면 각자 조건에 맞게 수정 적용하기 바란다. 이 예열 절차를 따랐더니 좋은 결과가 나왔다면, 이제 첫 번째 배치도 동일한 커피의 두세 번째 배치와 거의 동일한 결과를 얻을 수 있을 것이다. 예열 중 온도가 충분히 높지 않거나 가열 시간이 충분하지 않다면, 첫 번째 배치의 온도 곡선은 느리게 움직일 것이고 터닝 포인트는 더 낮게 나타날 것이다. 예열 중 가열 시간이 너무 길거나 온도가 너무 높다면, 첫 번째 로스팅은 보다 빨리 진행될 것이고, 터닝 포인트도 더 높을 것이다.

아래는 예열 절차를 설계할 때 몇 가지 권장 사항들이다.

커피로스팅 2

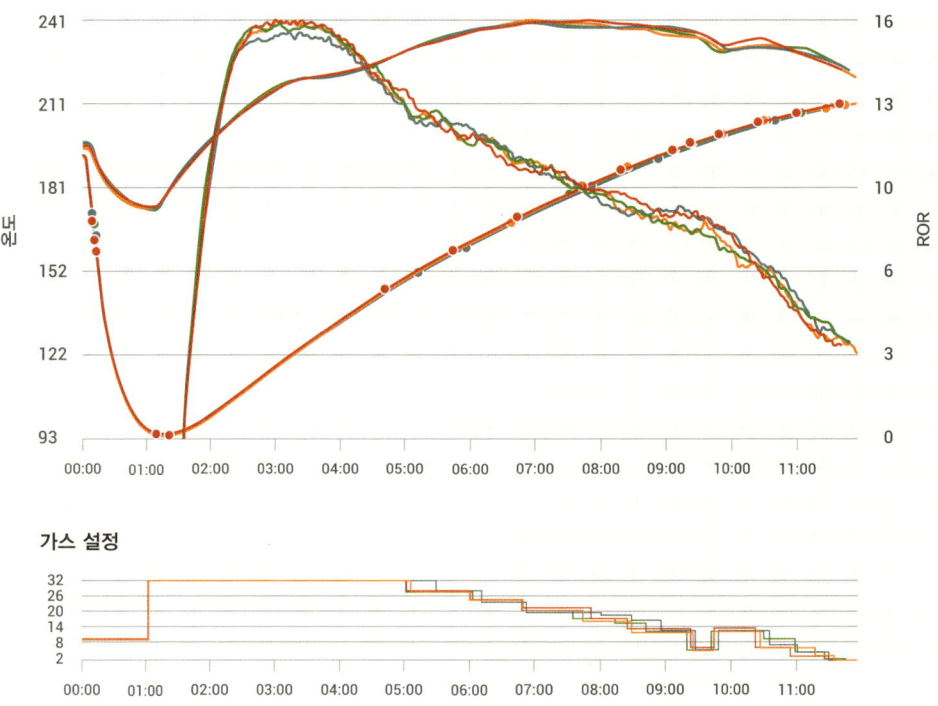

당일 첫 번째 배치의 온도 곡선이 다른 배치와 비슷해질 때까지 예열 절차를 수정해 보자.

- 대부분의 경우, 예열 온도계 수치는 일반적인 투입 온도보다 더 높게 잡아야 한다. 정확히 투입 온도까지만 예열하면 로스팅 머신의 열에너지를 목표한 열에너지 평형 상태까지 올리기까지 시간이 너무 오래 걸린다.
- 첫 번째 배치를 투입하기 전에 이전 배치가 있었던 것처럼 배치 간 프로토콜을 수행한다. 예열이 얼마나 충분히 진행되었는지에 따라서, 진행 중 최저 온도를 높이는 식으로(예를 들어, 투입 온도에서 10℃까지 내린 후 반등하는 것이 아니라 5℃까지 내린 후 반등한다든가) 배치 간 프로토콜을 수정할 필요도 있다.

사전 준비와 균일성

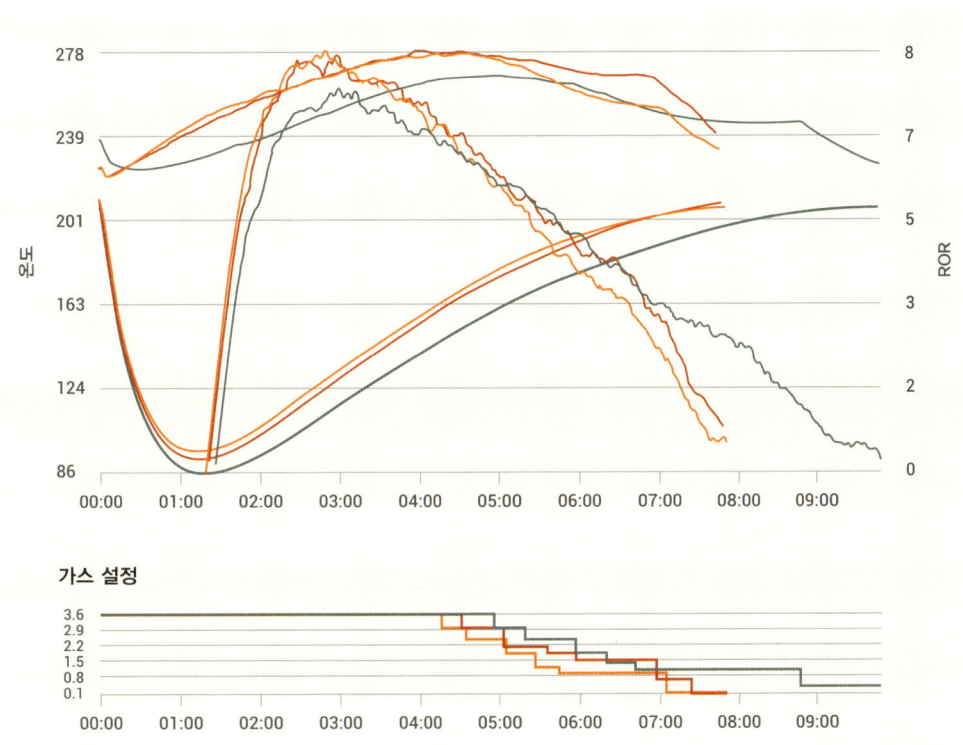

위 세 배치는 로스팅 속도가 매우 다르다. 이는 1차 배치(파란색)를 투입하기 전까지 로스팅 머신이 충분히 데워지지 않았기 때문이다.

겨울 로스팅 공장 온도 관리

밤 온도가 영하로 내려가는 곳에서 로스팅하는 경우라면 연료비를 절감하고, 로스팅 균일성을 높이기 위해서라도 굴뚝 개조를 고려해 볼 만하다. 몇 년 전, 신규 컨설팅 의뢰를 받고 콜로라도에 간 적이 있다. 로스팅 테스트를 하기로 한 날의 새벽 온도는 그해 들어 가장 낮았다. 카페에 도착했을 때 카페 내부 온도는 20℃였지만 로스팅 머신 안쪽은 거의 영하에 가까웠다. 평상시보다 예열에 45분이나 더 걸렸고, 그럼에도 첫 번째 배치는 기대했던 것보다 좋지 않았다.

커피로스팅 2

그날, 나는 새벽 온도가 아주 낮게 떨어져도 로스팅과 예열에 지장을 주지 않게 굴뚝을 개조하는 방법에 대해 고민했다. 그리고 고객들에게 두 가지 해법을 제안했는데, 하나는 밤에 닫을 수 있는 밀폐형 슬라이드를 장착해 바깥의 찬 공기가 로스팅 공장 안으로 들어오지 못하게 하는 방법이다. 다른 하나는 착탈식 굴뚝 마개로, 사용하지 않을 때는 덮을 수 있는 방식이다. 이 방법들은 밤새 찬 공기로 인해 로스팅 머신의 온도가 많이 내려가서 로스팅 머신을 예열하는 데 시간과 에너지가 많이 필요한 곳에서 투자할 만하다.

배치 간 프로토콜 1
- 가스 설정을 0으로 하고, 앞 배치를 꺼내고, 배출구를 닫는다.
- 가스 설정을 0 또는 더 낮게 해 커피콩 온도계의 온도 수치가 설정한 바닥값(투입 온도보다 20℃ 밑으로 해 두었을 것이다)에 정확히 도달할 때까지 온도를 내린다. 온도가 내려가는 시간은 2분 30초–4분이 적절하다.
- 온도가 바닥값이 되면, 가스 설정을 저–중 정도로 올려 투입 온도까지 온도를 높인다. 상승에 걸리는 시간은 1분 30초가 적절하다.
- 투입 온도가 되는 순간 다음 배치를 투입한다.

배치 간 프로토콜 2(1에 비해 일반적이지 않음):
- 가스 설정을 0으로 하고, 앞 배치를 꺼내고, 배출구를 닫는다.
- 가스 설정을 저–중 정도로 하고 커피콩 온도계 온도 수치가 적정 투입 온도보다 10℃ 더 올라갈 때까지 가열한다.
- 가스를 닫거나, 또는 가스 설정을 확 줄여서 커피콩 온도계 수치가 투입 온도까지 떨어지게 한다. 온도가 내려가는 시간은 1분 30초에서 2분 30초가 적절하다.
- 투입 온도에 도달하는 순간 다음 배치를 투입한다.

사전 준비와 균일성

배치 간 프로토콜(Between-Batch Protocol, BBP)

배치 간 프로토콜을 설정하는 목적은 각 배치 사이마다 로스팅 머신의 열에너지를 리셋하는 데 있다. 배치 간 프로토콜이 효율적이면, 연속 배치 내내 가스 세팅을 동일하게 만들어 로스팅 곡선과 커핑 결과값을 거의 완벽하게 복제할 수 있다. 많은 로스터들이 오후 시간이 될수록 배치당 로스팅 시간이 점점 더 짧아지는 경향이 있다. 이런 로스터는 배치 간 프로토콜을 개선할 필요가 있다.

거의 대부분의 로스터들이 프로토콜 1을 채택한다. 하지만 프로토콜 2를 쓰는 게 효과적인 모델도 몇 있다. 프로토콜 2가 필요한 로스팅 머신은 열 보존력이 너무 좋아서 투입 온도에서 20℃ 아래로 떨어뜨리는 데 6분 이상이 걸리는 대형 머신, 배치 사이에 가스를 끌 수 없는 로스팅 머신이다.

재현성 마스터하기

일단 로스터가 예열 작업과 배치 간 프로토콜을 제대로 미세 조정했다면, 이제 커피콩의 온도 곡선 그래프는 모든 선들이 서로를 완벽히 '따라가'야 한다. 아래 표는 바로 그 예시로서, 내가 상담했던 고객의 작업 자료이다. 연속으로 15회 로스팅했는데 완벽한 재현성을 보여준다.

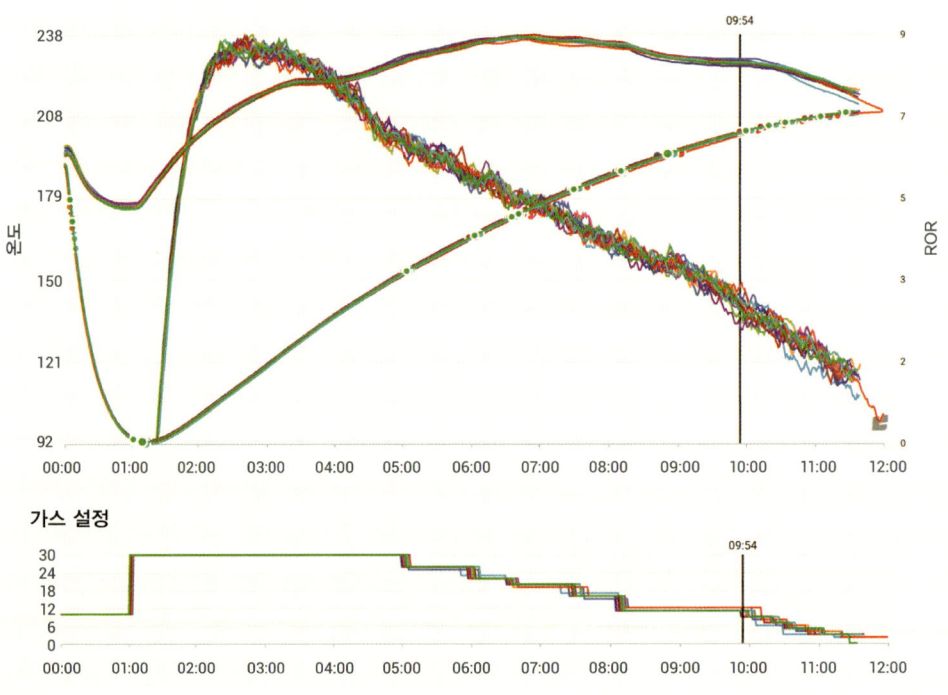

이 차트에는 15회의 연속 배치 그래프가 있다. 이 정도면 이 로스터가 매일 이 정도의 재현성을 달성했다고 말할 수 있다. 뿌듯하다.

로스팅 일별 계획

재현성을 가능한 쉽게 달성하려면, 배치 용량은 늘 동일하게, 로스팅 정도도 똑같이 하는 것이 답일 것이다. 그렇지만 사업을 하다 보면 배치 용량도, 로스팅 정도도 달라지는 경우가 많다. 하지만 되도록 세 종류 이상의 배치 용량을 마스터하려고 시도하지 않길 강력히 권한다. 하나만 마스터하기도 충분히 힘들다! 로스팅할 커피가 종류, 배치 용량, 로스팅 정도가 다양하다면, 아래와 같은 점을 최우선으로 두고 로스팅 일별 계획을 세운다.

- 중요도가 낮은 커피를 먼저 로스팅하자.
- 작은 배치는 큰 배치보다 먼저 로스팅하자.
- 약로스팅을 강로스팅보다 먼저 처리하자.
- 로스팅 세션 중에 배치 용량은 가능한 1회 이상 바꾸지 않게 배치 순서를 정하자.

배치 용량이 달라질 때는, 로스팅 머신의 열 에너지를 리셋하기 위한 특별한 배치 간 프로토콜을 진행해야 한다. 작은 배치에서 큰 배치로 바꿀 때는 기본적인 배치 간 프로토콜에 앞서 투입 온도보다 높은 온도로 몇 분간 공회전하는 단계를 추가할 수 있다. 큰 배치에서 작은 배치로 바꿀 때는 바닥 온도를 일반적인 경우보다 훨씬 더 낮추어 볼 수 있다. 이런 특수한 배치 간 프로토콜을 마스터하는 것이 어쩌면 로스팅에서 가장 어려운 과제일지도 모른다.

6

합리적인
변수 값 잡기

여러분은 놀랄 수도 있지만, 로스팅 시간, 에어플로, 드럼 속도, 그 외 수많은 로스팅 변수들이 합리적인 범위 안에 있다면, 이 변수들의 차이 때문에 나타나는 맛의 차이를 분간하기는 어렵다. 물론, 두 배치를 로스팅하면서 두 번째 배치에서 한 가지 변수를 바꾼다면 맛은 분명 달라질 것이다. 그러나 그 변수를 바꿔서 나타난 직접적인 결과를 맛볼 수는 없다. 그보다는 그 변수가 커피콩의 온도와 ROR 곡선에 미친 영향을 맛볼 가능성이 크다.

위에서 핵심 단어는 '합리적인'이다. 비합리적인 수치, 예를 들어 한 배치를 로스팅하는 시간으로 6분을 잡는다거나, 12kg 로스터인데 드럼 속도를 35rpm으로 잡는다든가, 에어플로를 턱없이 약하게 잡는다면 맛으로 분간할 수 있는 로스팅 결점이 발생한다. 각각 미발현된 커피, 로스티(roasty. 그리고 아마도 baked)한 향미가 나는 커피, 그리고 매캐한 냄새가 나는(smoky) 커피가 될 것이다. 당신이 맛보기에 능숙하다면 이런 로스팅 결과물에서 무엇이 잘못되었는지 추측할 수 있을 것이다.

합리적인 변수 값 잡기

로스팅은 복합적이다. 어떤 변수 하나라도 바꿀 경우 연쇄 작용이 일어나 다른 변수도 영향을 받는다. 때문에 합리적으로 조정한 단일 변수가 로스팅 품질에 미치는 영향을 과학적인 방법으로 알아내기란 거의 불가능하다. 더 효과적인 접근법은, 수천 가지 배치를 로스팅해 성공적인 결과 또는 특정 로스팅 결점이 많이 나타나는 변수를 분석하는 것이다. 이 말은 로스팅 변수와 향미 사이 관련성에 대해 조심스럽게나마 확신을 가지려면 로스팅을 수백, 수천 번 해봐야 한다는 말이다. 지름길은 없다.

다음 몇 장은 내가 20년간 로스팅하면서 수집한 빅 데이터 기반의 분석으로 얻어

낸 통찰에 대한 내용이다. 성공적인 로스팅을 위해, 합리적인 로스팅 변수 범위와 최선의 실행 방법을 제시하려 한다. 내가 제시한 최선의 실행 방법을 자신의 로스팅 머신과 커피에 적용시키는 것은 여러분의 일이다.

배치 용량

《커피로스팅》에서도 언급했지만, 로스팅 머신의 최적 배치 용량은 거의 언제나, 업체에서 제시한 사양에 비해 적다. 일반적인 12kg 용량 로스팅 머신이라면 품질 문제 없이 로스팅할 수 있는 생두는 8-9kg를 넘기 어렵다. 오래전에 나는 한 가지 공식을 고안했는데, 이 공식은 수백 종의 로스팅 머신에 잘 들어맞았다.

> 생두 1파운드를 최적 로스팅하기 위해 필요한 버너의 정격 출력은 시간당 5000BTU정도다. (미터법으로 환산하면, 생두 1kg을 로스팅하기 위해 필요한 버너의 정격 출력은 시간당 11,600KJ정도)

예를 들어 어떤 로스팅 머신의 정격 버너 출력이 시간당 10만 BTU(시간당 105,500KJ)라면, 이 머신으로 배치당 20파운드(9kg)이상 로스팅해서는 안 된다. 여기서 20파운드는 최적 배치 용량이 아니라 권장 배치 용량의 최대값임에 유의하자. 평균적으로 이보다 양을 적게 넣어야 맛이 더 잘 나온다. 만약 20파운드 이상 투입하면, 확실한 품질 문제가 발생할 가능성이 있다.

이 의견에 대해 로스팅 머신 판매업체들 상당수가 이의를 제기할 것이다. 그들은 줄곧 자사의 로스팅 머신에 표기된 배치 용량이 충분히 가능한 수치라고 주장해왔다. 물론 가능하긴 할 것이다. 그러나 품질을 떨어뜨리지 않고 로스팅할 수는 없다. 판매자는 으레 로스팅 머신의 처리 용량을 과대 포장하는 경향이 있다. 그러니 그런 홍보성 멘트는 무시하고, 버너의 정격 출력이 얼마인지만 확인하자. 로스팅 머신의 진정한 처리 용량을 추산하려면 버너의 정격 출력을 보는 편이 더 낫다. 또한, 구매하고자 하는 로스팅 머신을 쓰고 있는 이들에게 평균 배치 용량, 로스팅 시간, 시간당 배치 수를 물어보는 것도 좋다.

투입 온도

투입 온도는 투입 전 진행하는 배치 간 프로토콜만큼 중요하지는 않다. 예를 들어, 투입 온도가 210℃로 같다 하더라도 5분간 227℃로 공회전한 뒤 210℃에 맞추어 투입할 때 로스팅 머신이 가지고 있는 열에너지는, 5분간 177℃로 공회전한 뒤 210℃에 맞추어 투입할 때의 로스팅 머신의 열에너지보다 훨씬 높을 것이다.

머신 크기	투입 온도
500g-1kg	175-190℃
6kg	185-200℃
12-20kg	195-210℃
30kg	200-215℃

그래도 투입 온도는 결정해야 한다. 배치 간 프로토콜을 5장에서 권장한 정도로 설정했다면, 합리적인 투입 온도 범위는 표와 같다. 다만 이것은 권장 사항이며 선택은 자유이다. 생각할 수 있는 모든 배치 크기나 머신 출력, 드럼 설계를 고려한 것은 아니기 때문이다. 여기서 제시한 투입 온도는 다만 시작점일 뿐이다.

로스팅 시간

이상적인 로스팅 시간은, 여러 가지 요소들 중, 로스팅 머신의 처리 용량과 배치 용량 대 버너 출력 비율에 좌우된다. 대다수 전문 로스터들은 이를 직감적으로 안다. 그러므로 샘플 로스터에서 7분 동안 로스팅한 뒤 커핑했더니 환상적인 맛이었다 하더라도, 프로덕트 로스터를 가득 채워 로스팅할 때는 7분 만에 로스팅을 끝내지 않는다.

예를 들어, 12kg 로스팅 머신의 버너 최대 출력이 시간당 10만 BTU(시간당 105,500KJ)라고 한다면, 20파운드(9kg)를 넣어 대략 12-13분 동안 로스팅하는 것을 목표로 잡는다. (버너 출력 대비) '절반 용량'을 넣는다면, 10파운드(4.5kg)를 넣어 8-10분간 로스팅할 것이다. 이 권장 사항은 대략적인 추산이며, 이상적인 로스팅 시간은 로스팅 머신, 커피콩의 종류, 기타 요소들에 따라 달라진다. 예를 들어, 열전도로 인한 커피콩의 그슬림 문제가 없는 로스팅 머신을 쓴다면, 최적 로스팅 시간을 더 줄일 수 있다.

로스팅 시간이 향미에 미치는 영향은 바로 이해할 수 있는 성질이 아니다. 프로덕트 로스팅 결과물을 하나 커핑해 로스팅이 너무 빨리 진행되었는지 판단하는 것은 가능하지만 특정 시간대에 특정 향미가 생성되는 것은 아니다. 예를 들어, 샘플 로스팅 머신으로 100g을 6분간 약로스팅했더니 근사한 맛의 잘 발현된 결과물이 나왔다. 그런데 동일한 커피를 프로밧 P12 모델로 10kg를 6분간 로스팅하면, 아마 거의 확실히 미발현되고 그슬린 결과물이 나올 것이다. 그러므로 6분 로스팅의 향미에 대해 일반화할 수가 없다.

기초적인 것만이라도 알고자 하는 독자들을 위해서 간단하게 정리하자면, 로스팅 머신의 표기 용량 대비 50-70% 선에서 배치 사이즈를 잡았다면, 대부분의 배치는

합리적인 변수 값 잡기

10-12분 로스팅을 목표로 하자. 배치당 로스팅 시간을 12분 미만으로 줄이기 위해 몇 분 정도 가스 공급량 100%를 써야 한다면, 배치 용량을 줄이는 쪽을 고려하는 게 좋다.

7

로스팅 온도 곡선 읽기

커피콩 온도계는 로스팅 중에 커피 더미와 닿는다. 커피콩 온도 곡선은 여기에서 나온다. 커피콩 온도계가 재는 온도는 온도계 프로브가 닿아 있는 커피 더미 표면의 근사치 온도이지만, 커피콩을 둘러싼 뜨거운 공기도 프로브에 영향을 준다. 그리고 온도계 프로브의 굵기는 '온도 측정 지연'의 원인이 되고, 이 때문에 커피콩 온도 자료는 부정확해지기 쉽다. 특히 커피콩 온도 수치가 급격히 변화하는 로스팅 초반 몇 분 동안은 그런 경향이 두드러진다. 온도계가 커피콩 전체의 실제 표면 온도를 얼마나 정확히 반영하는가는 공기 온도와 '온도 측정 지연'에 달려 있다.

일반적인 커피콩 온도 곡선은 투입시 높은 온도였다가 급격히 떨어진 다음 전환점을 돌고 나서 초반에는 빠르게 올라가다가, 이후에는 점차 천천히 올라간다. 전환점을 돌기 전까지 떨어지는 온도 곡선은 커피콩의 온도를 정확히 반영한 수치라고 할 수 없다. 이는 바로 온도계 프로브의 온도 측정 지연을 보여 주는 예시이다. 실제로는, 투입 시점 커피콩의 온도가 21℃였다면 진짜 온도 곡선은 21℃에서부터

로스팅 온도 곡선 읽기

급격히 상승하는 형태일 것이다.

ROR 곡선은 커피콩의 온도 곡선에 기반한 것으로, 시간당 커피콩 온도 변화 비율을 나타낸다. ROR 곡선의 기울기나 형태는 배치 용량, 가스 세팅, 투입 온도 같은 여러 가지 로스팅 변수 및 커피콩 온도계의 반응 속도에 따라 달라진다. 이 ROR 곡선의 기울기와 형태를 보면 로스팅이 음료 품질에 미치는 영향에 대해 파악할 수 있다.

커피로스팅 2

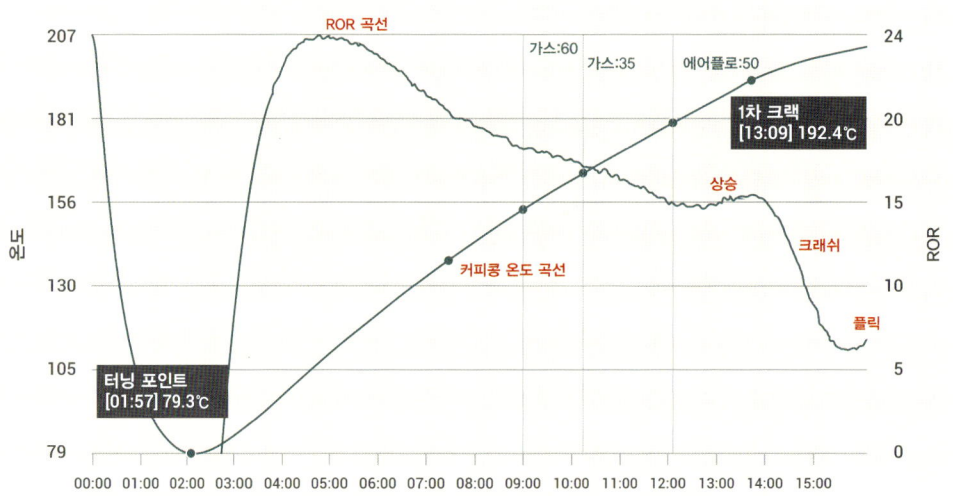

방임형 로스팅

위 차트의 온도 곡선은 바람직하지 않은 로스팅에서 등장하는 여러 특징을 보여 준다. 1차 크랙 전에 ROR 곡선이 올라가고(또는 볼록해지고), 1차 크랙 뒤에는 ROR 크래쉬가 오고, 그 뒤엔 플릭(flick), 즉 갑자기 올라가는 현상이 나타난다. 나는 이런 로스팅을 '방임형'이라고 부른다. 제어할 수 있는 여지가 많지 않은(예를 들어 가스 세팅이 고작 2개 또는 3개뿐인 경우) 구형 로스팅 머신을 사용했을 때 나오는 전형적인 로스팅 패턴, 데이터 기록 소프트웨어를 쓰지 않고 제어한 로스팅 패턴이 대체로 이렇다. ROR 곡선이 부드럽게 나오려면 기술이 필요하다. 로스팅을 수동적으로, 그때 그때 나타나는 현상에 대응하는 식으로 진행하면 필연적으로 위와 같은 ROR 곡선이 나온다.

1차 크랙 시작 즈음에 ROR 곡선이 올라간다거나 볼록해질 경우, 음료에는 로스티한 향미가 생긴다. ROR 크래쉬가 나타나거나 떨어지는 기울기가 크다면, 일반적으로 이런 현상은 1차 크랙이 시작한 직후(또는 1차 크랙 이후 간헐적으로) 발생하는데, 이 커피는 베이크드한 맛이 날 수 있다. 로스팅이 끝날 무렵 플릭 현상이 있으면 이 또한 로스티한 향미를 일으킨다.

베이크드한 로스팅

로스팅 머신에 데이터 기록 소프트웨어와 고품질의 온도계를 설치하면, 온도 곡선은 더 부드럽고 일관성 있게 그려진다. 방임형 로스팅 스타일의 온도 곡선이 지난 수십 년간 거의 일반적인 형태였으나 《커피로스팅》이 나온 이후에야 부드럽고 완만하게 떨어지는 ROR 곡선을 만드는 데 초점을 둔 로스팅 머신들이 늘어나고 있다.

아마도 가장 흔하고 또 가장 피하기 어려운 로스팅 결점은 바로 ROR 곡선이 급격히 하락하는 현상, ROR 크래쉬(ROR crash)일 것이다. ROR 크래쉬는 ROR 곡선이 거의 수직으로 떨어지는 현상을 말하는데, 일반적으로 1차 크랙 초기에 나타난다. 특별히 어떤 각으로 내려가야 '크래쉬' 현상이라고 딱 정의할 수는 없다. 여기엔 온도계의 반응 속도와 소프트웨어 처리 또한 관여하기 때문이다. 다만, 해당 커피콩 온도계를 사용했을 때 ROR 곡선이 떨어지는 기울기, 즉 하락하는 정도의 시점은 해당 로스팅 결과물에서 베이크드한 맛이 얼마나 날지 결정한다.

베이크드한 맛이 나는 로스팅 결과물에서는 단맛과 과일 느낌의 산미가 줄어들고 그 자리를 무미건조한 밀짚, 판지 느낌이 채운다. 그리고 과일 느낌이 한참 부족한 향미가 들어찬다. 추측컨대, 데이터 기록 소프트웨어를 널리 채용하기 전에는 아마도 대다수 로스팅이 방임형 로스팅의 ROR 곡선과 비슷하게 진행되었을 것이

커피로스팅 2

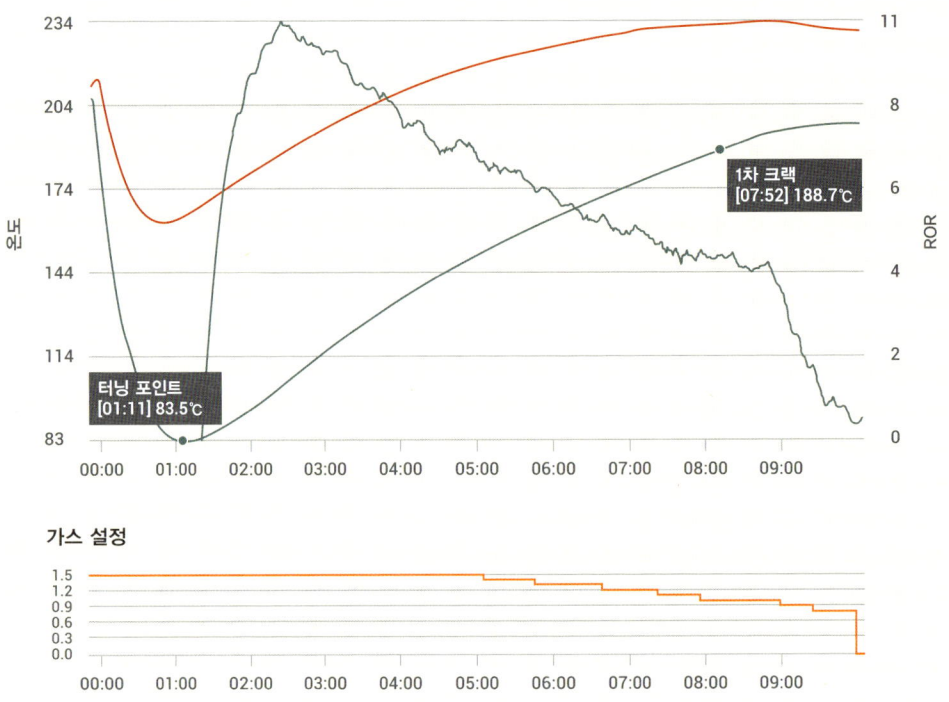

이 로스팅은 매우 심하게 베이크드되었다.

다. 즉 로스티하고 베이크드한 맛이 났을 것이다. 최근 들어 소프트웨어와 개선된 온도계를 쓴 덕분에 로스터와 소비자 모두 더 밝고 단맛이 나며 베이크드한 맛은 적은 커피를 만날 수 있다. 크래쉬 현상이 있어도 베이크드한 맛은 나지 않는다거나, 커피의 단맛도 줄어들지 않는다고 주장하는 이상한 전문가들이 때때로 나타나곤 하지만, 그 빈도는 점점 줄고 있다.

ROR 크래쉬가 나타나면서 커피가 베이크드해지는 현상에서 벗어날 수 있는

로스팅 온도 곡선 읽기

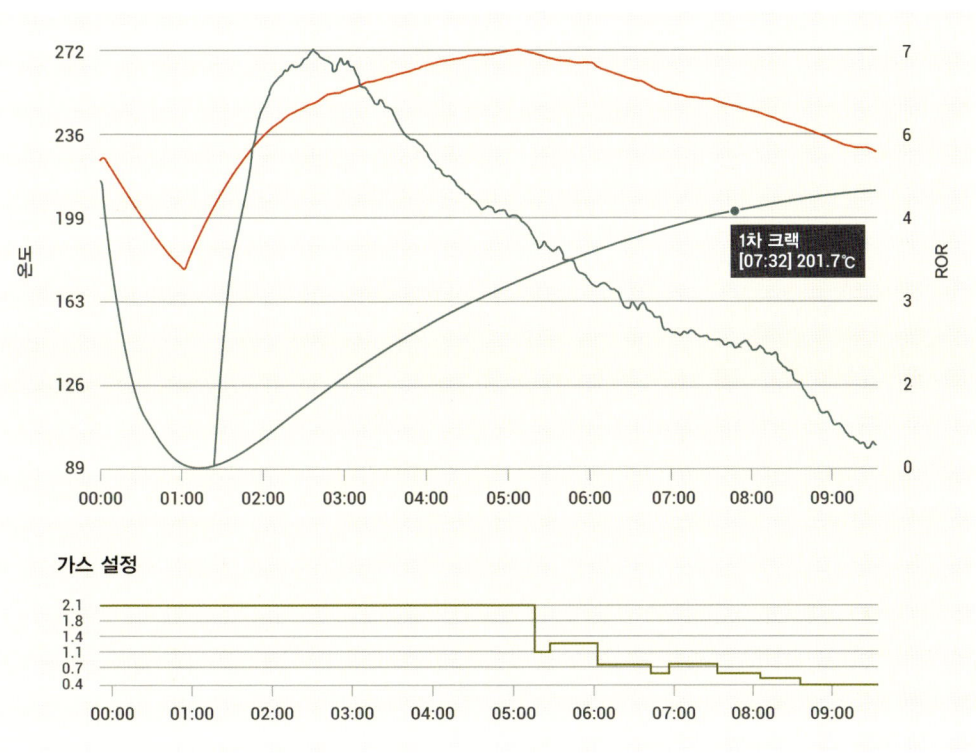

이 로스팅은 약간 베이크드되었다.

방법 중, 내가 '노르딕 익셉션'이라 부르는 방법이 있다. 노르딕, 즉 북유럽의 로스터들은 커피를 약하게, 빠른 시간 안에 로스팅하는 것을 선호하는데, 이때 ROR은 비교적 높았다가 평평해진 다음, 커피콩을 배출하기 직전에서야 비교적 완만하게 무너진다. 이처럼 ROR 크래쉬가 완전히 후반부에 발생하거나 충분히 완만하게 이루어진다면, 차트에서 느껴지는 것만큼 베이크드한 맛이 발생하지는 않는 것 같다. 추측하기로는, ROR 크래쉬가 매우 늦게 발생한다면 커피콩 내부까지 로스팅 발현

커피로스팅 2

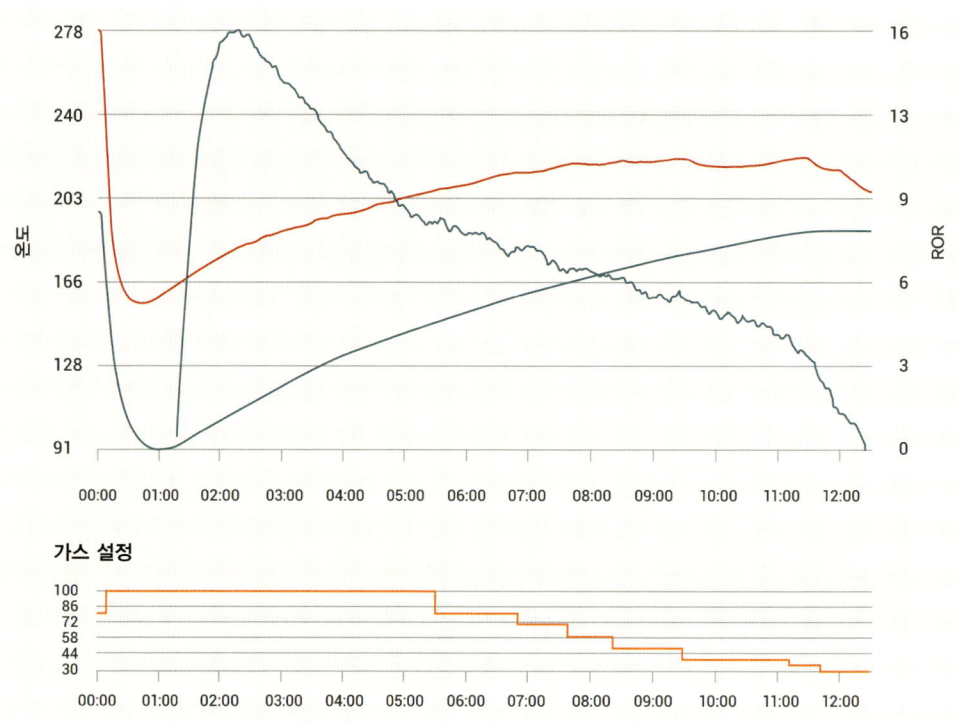

후반에 약간 크래쉬 현상이 있었기 때문에 로스팅 결과물이 얼만큼 베이크드한 맛이 날지 예견하기가 어렵다.

이 상당히 일어난 뒤이기에 베이크드한 향미가 커피콩에 많이 침투하지 못하는 것 같다.

플릭(Flick)

플릭(Flick)이란 로스팅 끝부분에 ROR 곡선이 갑자기 상승하는 것을 말한다. 플릭은 일반적으로 ROR 크래쉬 뒤에 나타나지만, 그렇지 않은 경우에도 발생할 수 있

로스팅 온도 곡선 읽기

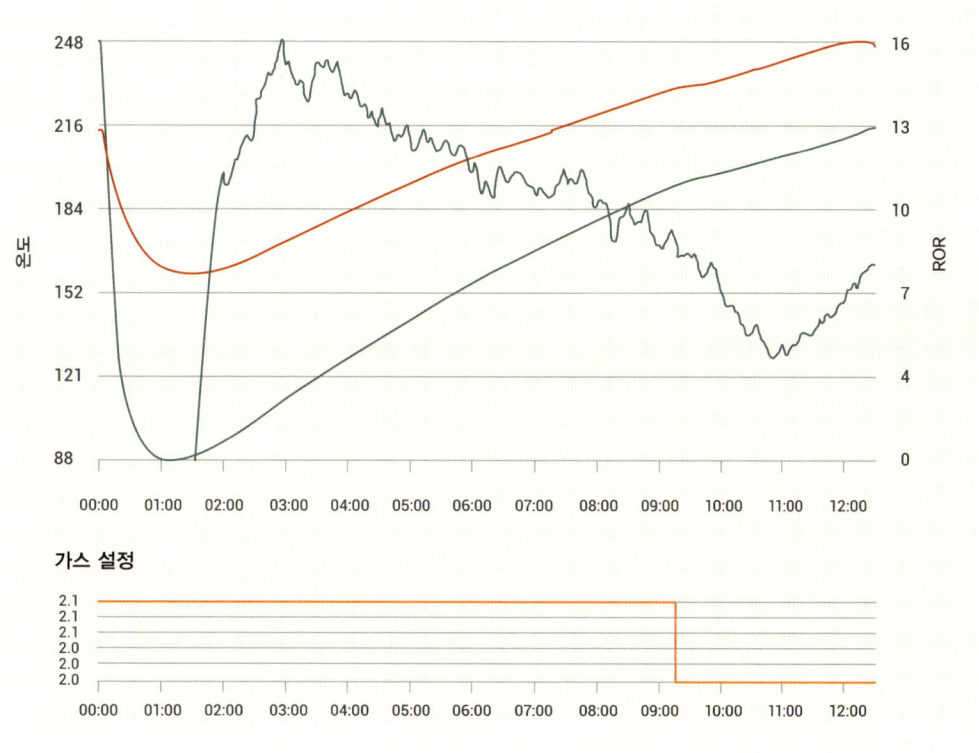

이 커피는 색상은 제대로 나올지 몰라도 맛에서 로스티한 느낌이 날 가능성이 높다. 가스 설정을 매우 낮게 했음에도 플릭 현상이 나타났다는 점에 주목하자.

다. 플릭 현상은 의외로 가스 설정이 낮은 상태이거나 심지어는 가스를 잠근 상태에서도 나타날 수 있다. 앞서 언급했듯, 플릭으로 인해 커피 배치에 로스티한 향미가 들어갈 수 있다. 크게 될수록 더 큰 영향을 받는다. 플릭 정도를 확인할 때는 온도계 반응 속도와 소프트웨어 세팅을 반드시 염두에 두어야 한다. 온도계 반응이 느리고 소프트웨어로 데이터를 매끄럽게 가공할 경우, 플릭은 실제보다 작게 나타나거나 아예 보이지 않을 수도 있다. 플릭 현상을 피할 수 있는 최선의 방법은 10장에서 1차 크랙 이후 가스 설정과 관련해 언급한 권고 사항을 써 보는 것이다.

부드럽게 내려가는 ROR 곡선

지금까지 맛본 중 최고의 로스팅 결과물들의 데이터를 보면 언제나 ROR 곡선이 부드럽게 내려가는 모양이었다. 지금은 좀 수그러들긴 했지만, ROR 곡선이 부드럽게 내려가는 것이 과연 좋은 것인가에 대한 논란은 많았다. 다만, 내 경험상, 로스터가 최고의 로스팅을 복제할 정도로 완벽해진 뒤에는 거의 언제나 ROR 곡선이 부드럽게 나타났다. ROR이 부드럽게 내려가는 배치의 장점을 알아채려면 그런 배치를 수백 개 해보고 맛봐야 한다.

내가 지금까지 상담한 고객들은 ROR 곡선이 부드럽게 내려가는 로스팅의 장점에 대해 납득했다. 다만 어떤 이들은 재빨리 받아들였고 어떤 이들은 몇 달이 걸리기도 했다.

물론 ROR이 부드럽게 내려가지 않은 로스팅 결과물도 맛이 좋았던 적은 있다. 그러나 이런 로스팅 결과물은 언제나, 생두의 질이 너무 뛰어나서 로스팅이 최상급이 아니더라도 그럭저럭 맛을 낼 수 있었던 경우이다. 그리고 동일한 커피를 사용해 다르게 로스팅했을 때, ROR 곡선이 가장 부드럽게 나타난 결과물이 확실히 최고였다. 어떤 커피가 맛이 훌륭하다고 해서 그 맛보다 더 좋아질 수 없는 것은 아니라는 점을 기억해야 한다.

ROR을 부드럽게 떨어뜨리는 것이 좋은 로스팅을 위한 선제 조건이지만, 그렇다고 해서 그것만으로 성공적인 로스팅을 보장하지는 않는다. 단순히 커피콩의 온도와 ROR 곡선만 보고 이 배치가 잘 발현되었는지 알 수 없다. 로스팅 온도 곡선 자료는 커피콩의 표면 온도만을 나타내며, 커피콩 내부의 상황, 즉 발현 정도는 알

로스팅 온도 곡선 읽기

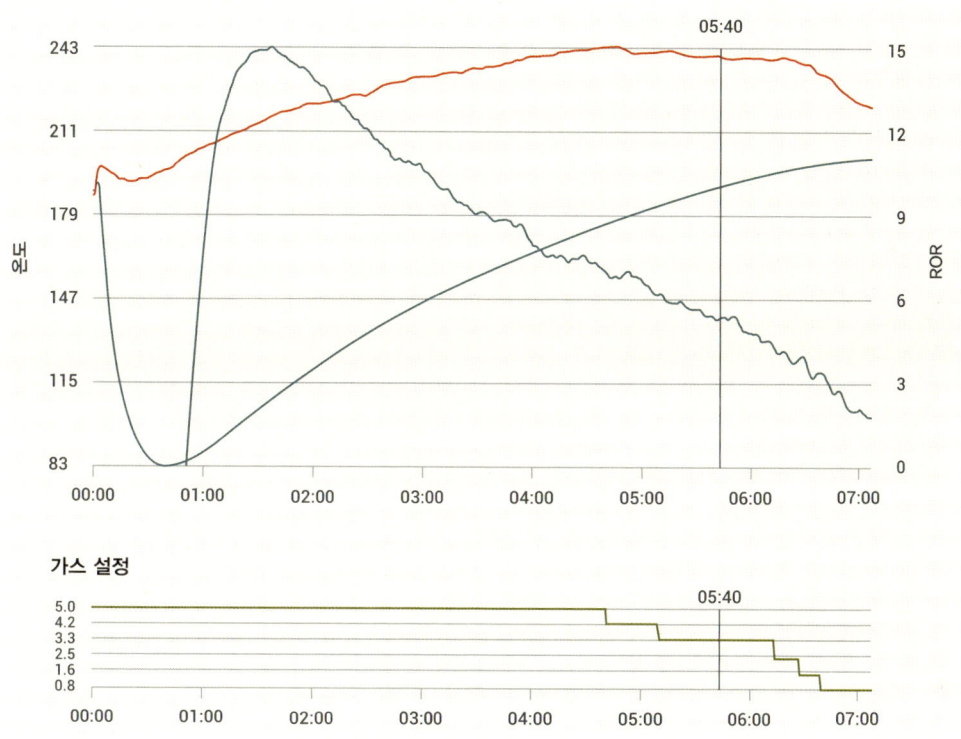

곡선 모양으로 봐서는 괜찮아 보이지만, 이 자료만으로 로스팅 발현 정도는 알 수 없다.

려 주지 않는다. 예를 들어, 그래프를 보고 이 로스팅 결과물이 베이크드하지 않다거나 과도하게 로스티하지 않다는 것 정도는 알 수 있다. 그러나 제대로 발현되었는지는 알 수 없다. 지금으로서는, 커피콩의 온도 자료만으로 발현이 잘 되었는지 유추할 만한 확실한 방법은 없다.

발현 시간 비율(development time ratio, DTR)의 의미

나는 《커피로스팅》을 쓰면서 '발현 시간'을 '총 시간' 대 비율로 보자는 기본적인 개념을 제시했다. 그 책을 내기 전까지, 로스터들은 일반적으로 총 로스팅 시간은 참조하지 않고 발현 시간만 이야기했다. 예를 들어, 어떤 로스팅의 발현 시간이 1분 30초라는 것을 알았다 해도 그 사실 하나로는 의미가 없다. 균형 있는 로스팅 여부를 따질 때는 발현 시간 비율(development time ratio, DTR)로 보는 것이 더 낫다. 로스팅 단계별로 걸린 시간 수치보다는 커피콩 온도 곡선(ROR 곡선이 더 실용적이다)의 모양과 단계별 시간 비율이 향미와 발현 여부를 예측하는 데는 더 낫다.

《커피로스팅》에서 발현 시간 비율로 20-25%를 권장했는데, 이를 두고 제법 오랜 논쟁이 있었다. 비판 의견 중 하나는 이 책은 일반적인 로스터를 위한 것이며, 극도로 약한 로스팅, 북유럽 스타일 로스팅을 선호하는 1%의 로스터를 위한 내용은 아니라는 것이다. 사실 나는 그 정도로 밝은 로스팅을 전혀 싫어하지 않는다. 오히려 개인적으로 선호한다. 그렇지만 20-25%라는 조언은 그 책을 읽기 전까지 발현 시간 비율이란 개념을 생각해 본 적 없지만 ROR 곡선을 부드럽게 만들어 보려 노력해 봤던 수많은 로스터들에게 도움이 되었다. 이들은 합리적이면서 구체화 가능한, 목표로 삼을 수 있는 로스팅 곡선이 필요했다. 전 세계 여러 로스터들에게, 지속적으로 내려가는 ROR 곡선, 그리고 발현 시간 비율 20-25%는 그들의 로스팅 품질을 전반적으로 개선해 준 혁명적인 생각이었다.

다만, 발현 시간 비율은 균형 잡힌 로스팅을 보여 주는 지표로서만 보면 좋겠다. 발현 시간 비율에만 의존해 로스팅해서는 안 된다. 로스팅을 끝낼지 말지 결정할 지표로는 색상이 더 낫다. 원하는 색상에 도달하지 못했는데 발현 시간 비율이 25%가 되었다고 난처해할 필요는 없다. 원하는 색상, 원하는 커피콩 온도에 도달할

로스팅 온도 곡선 읽기

때까지 계속 로스팅하면 된다. 1차 크랙 중반에 배출했는데 발현 시간 비율은 25%를 넘는다면, 또는 2차 크랙 중반에 배출했는데 발현 시간 비율은 20%가 아슬아슬한 정도라면, 가열 패턴을 바꿔 보고 싶을 것이다. 그렇지만 그런 상황이 닥치더라도 발현 시간 비율이 나쁘다면서 과잉 반응하지 말자. 대신, 원하는 색상에 배출하고, 이후에 무엇이 잘못되었는지 분석하자.

커피콩 온도계의 반응 속도와 위치

기술과 과학의 대결

로스터들이 자주 하는 불평이 있다. "고객들은 다 제 커피가 맛있다고 하는데 왜 소프트웨어랑 온도 곡선 따위를 신경 써야 하죠?" 설득력 있는 불평이긴 한데, 그닥 들을 만한 가치는 없다. 로스터가 하는 말 중 가치가 있는 주장이라면 커피를 잘 만들기 위해 늘 노력해야 한다거나 자기 분야에서 전문가가 되어야 한다는 당연한 주장이다. 그런 주장이 아니라면, 로스터가 자기 커피를 두고 말하는 (편향된) 의견은 절대 신뢰해서는 안 된다. 로스팅 온도 곡선을 해석하는 기술을 이해하고 마스터하지 않고서는 로스팅이라는 기술을 마스터할 수 없다. 이에 동의하지 않는 분들은 데이터 기록 소프트웨어를 널리 사용하기 전, 수십 년 동안 스페셜티 로스팅 품질이 정체 상태였다는 것을, 그 이후에야 품질이 급속히 개선되었다는 점을 떠올려 보기 바란다.

  데이터 기록 소프트웨어를 쓰기 전까지 대부분의 로스터들은 가스압 설정과

커피콩 온도계의 반응 속도와 위치

로스팅 시간, 최종 커피 온도, 그리고 아마도 1차 크랙 시작 시점을 적어 둔 스프레드시트 정도에 만족했다. 극소수의 부지런한 로스터들은 배치별로 일일이 커피콩 온도를 분 단위로 기록했다. 오늘날 로스터들처럼, 과거 로스터들 또한 품질과 균일성을 고민해 왔다. 그렇지만 데이터 기록 소프트웨어가 등장하자, 과거의 기록과 스프레드시트 등은 갑자기 오류투성이에 전문성이 떨어지는 자료가 되었다.

로스팅 자료를 탐구하고 자료를 커핑 결과와 비교하는 것은 배우고 성장하기 위한 가장 효율적이고 효과적인 방법이다. 로스터가 데이터를 파고든다면 놀랄 만

커피로스팅 2

커피콩 온도계의 반응 속도와 위치

큼, 데이터 기록 소프트웨어가 출현하기 이전 로스터들의 발전 속도와 비교도 안 될 만큼 빠르게 자기 기술을 향상시킬 수 있다.

데이터 해석

로스팅 자료를 능숙하게 해석하기란 어렵다. 로스팅 자료를 해석하려고 시도하기 전에, 커피콩 온도계의 반응 속도와 소프트웨어 세팅이 로스팅 온도 곡선의 정확도와 형태에 어떻게 영향을 미치는지 알아야 한다. 커피콩 온도계 프로브는 자체 질량이 있고 측정 지연 현상이 있어 재는 속도가 느리다. 크롭스터(Cropster), 아티산(Artisan) 같은 소프트웨어는 이렇게 지연된 온도 자료를 받아 일정 시간(일반적으로 15초다)마다 평균한 뒤 자료를 다듬어 로스팅 온도 변화율 곡선을 만든다. 즉, 온도는 실시간으로 읽지만 출력물은 가공을 거쳐 지연된 것이다. 로스팅 중에는 언제나 과거의 자료를 보는 셈이다.

여기서 쓸 수 있는 묘수라면 필요에 맞게 자료 가공 정도를 최적화하는 것이다. 자료를 충분히 다듬지 않으면 과도한 노이즈 때문에 자료 패턴을 읽기 더 어렵다. 반대로 가공 정도가 지나치게 많으면 자료가 불필요하게 늦게 나타나고 정확도가 떨어진다. 가공 정도를 알맞게 맞추면, 음료 품질과 관련 있는 적절한 패턴(볼록해짐, 크래쉬, 플릭 등)을 잘 찾아 분석할 수 있다.

프로브 굵기

일반적으로, 커피 온도계 프로브는 얇을수록, 가벼울수록 반응성이 더 높고 측정 지연도 줄어들지만 대신 노이즈가 더 많아진다. 비 접지형 J형 또는 K형 열전대나 저항온도센서 프로브에 지름은 대략 3mm인 것을 권장한다. 그보다 작은 것도 유용하지만, 많은 로스터들의 경험으로는 3mm 크기의 프로브가 정확도와 노이즈 사이 균형이 잘 맞다.

온도계 반응 속도와 ROR 곡선 형태

'부드럽게 내려가는 ROR 곡선'은 기울기가 수직으로 떨어지는 것이 아니라 일정하고 완만하게 떨어지는 곡선을 의미한다. 로스팅 머신과 커피 종류를 막론하고 공

커피콩 온도계의 반응 속도와 위치

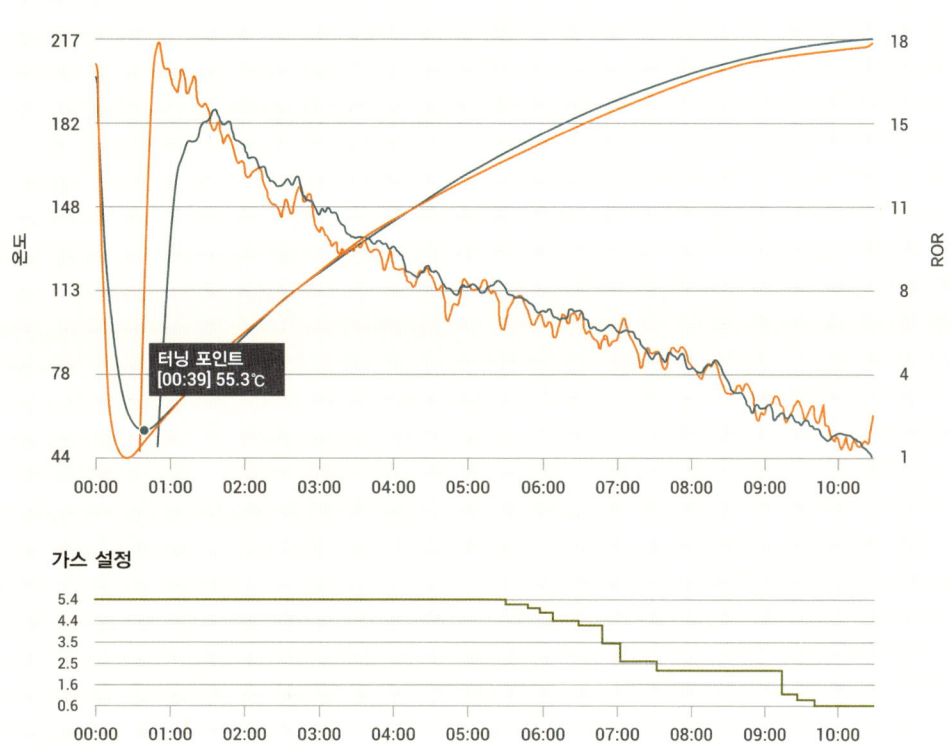

이 로스팅은 두 가지 온도계를 사용해 ROR 곡선을 그렸다. 하나는 지름 1mm(주황)이고 다른 하나는 지름 3mm(파랑)이다. 지름 1mm 온도계는 노이즈가 과도하게 나타나는 데 비해 지름 3mm 온도계는 읽기 쉽다. 모든 1mm 온도계가 노이즈가 많은 것은 아니지만, 여기서는 과도한 노이즈와 용인 가능한 노이즈의 차이를 알아보기 위한 예시로 들었다.

통적으로 이상적인 기울기는 없다. 커피콩 온도계의 반응 속도가 이 곡선의 형태와 기울기에 영향을 미치기 때문이다. 같은 로스팅에서도 느리게 반응하는 온도계를 쓰면 ROR 곡선은 볼록하게 나타나는 데 비해, 빨리 반응하는 온도계를 쓰면 수평을 유지하다 푹 꺼진 모양으로 나타날 수 있다. 다음에 제시한 세 가지 그래프에서 온도계의 반응 속도가 ROR 곡선의 모양과 노이즈에 미치는 영향을 확인할 수 있다.

여기서 익혀야 할 중요 부분은, 로스팅 곡선을 평가할 때 반드시 사용된 온도계의

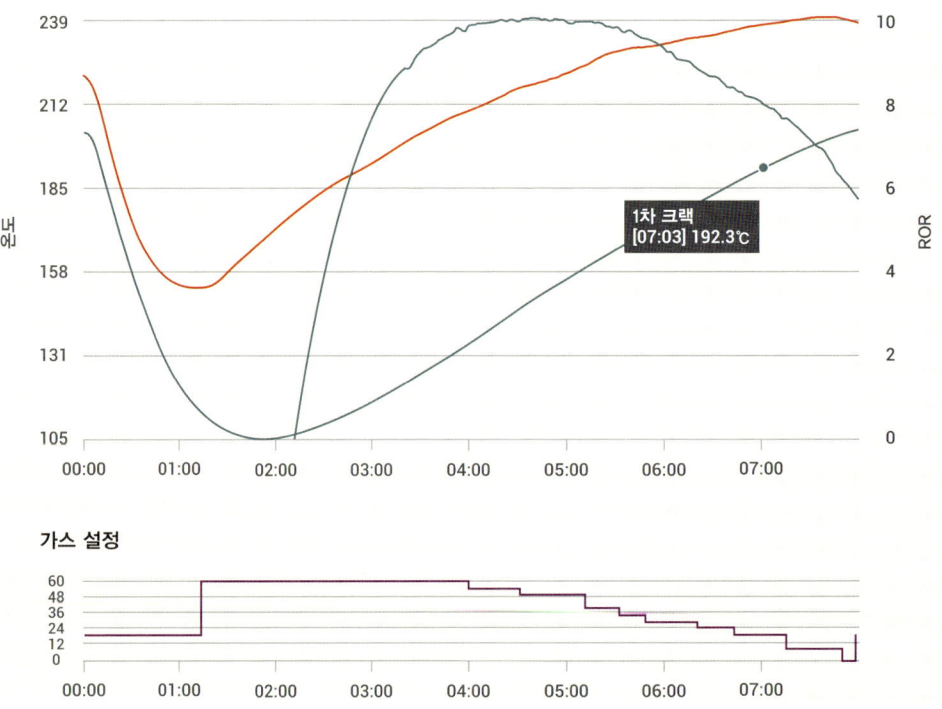

반응이 느린 온도계를 쓸 경우 크고 둥그스름한 호가 그려진다.

반응성을 고려해야 한다는 것이다. 어떤 온도계의 반응 속도가 빠른지 알아보는 가장 쉬운 방법은 온도 전환점 시점을 확인하는 것이다. 다른 모든 조건이 동일할 경우, 전환점이 일찍 올수록 온도계 반응이 빠르다고 볼 수 있다.

경향과 사건의 대결

ROR 곡선을 분석하다 보면, 때로는 자료에서 나타나는 경향이, 때로는 순간적으로 일어나는 사건이 눈길을 끈다. 여기서 '경향'은 1차 크랙 전에 ROR 곡선이 길게

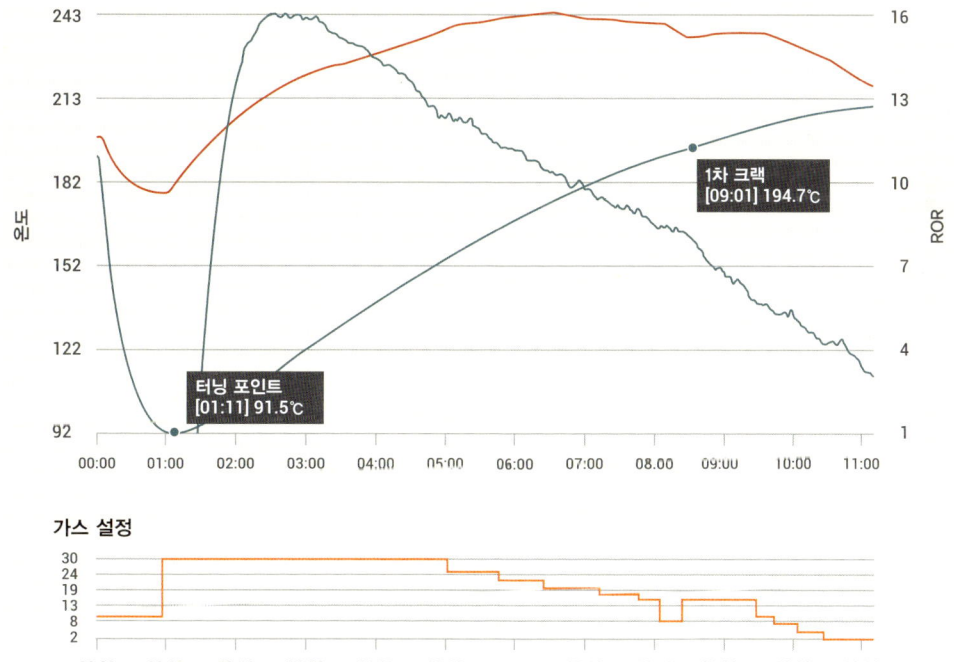

직경 3mm 프로브를 사용하면 ROR 곡선이 거의 일직선을 이룬다.

커피로스팅 2

수평으로 뻗는 것을 말한다. '사건'은 ROR 곡선이 뚝 떨어지다가 멈춘 다음 갑자기 튀는 것이다.

경향을 명확하게 보고 싶으면 대개 (크롭스터에서) ROR 간격(ROR interval)이나 (아티산에서) 델타 스팬(delta span)을 늘여서 곡선을 평탄하게 하고 노이즈를 줄이는 것이 가장 좋다. 오른쪽 그래프는 ROR 간격을 30초로 하여 '경향'을 알아보기 쉽다. 예를 들어 6분에서 7분 사이의 ROR 곡선이 평평해지고, 7분 30초 근처에서 살짝 볼록해졌다가 이후 무너지는 모습을 볼 수 있다.

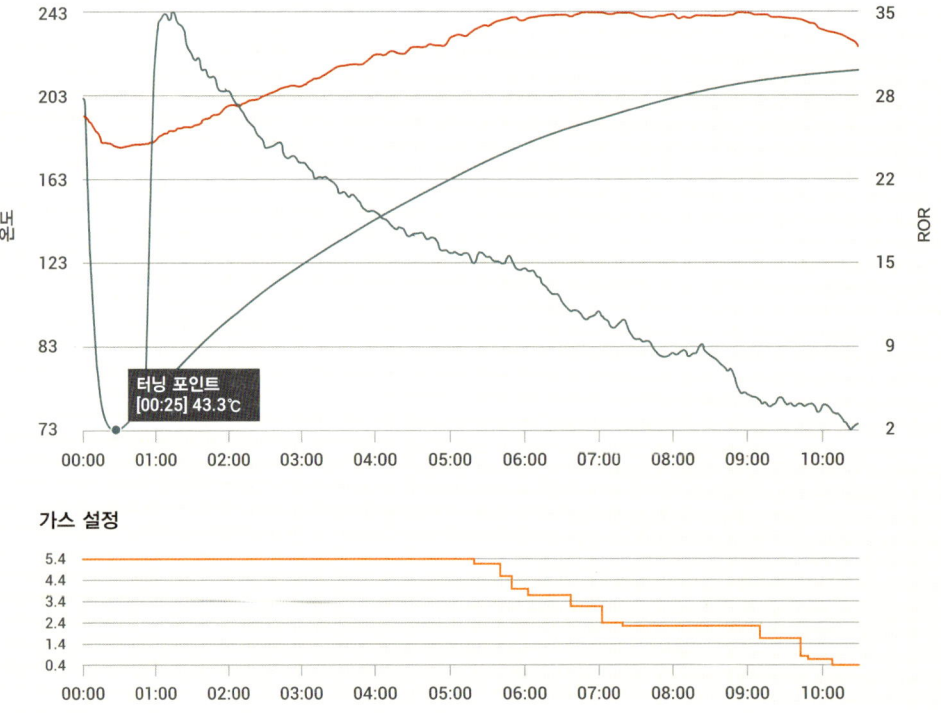

1mm 프로브를 사용하면 ROR 곡선이 살짝 처지는 걸 볼 수 있다.

커피콩 온도계의 반응 속도와 위치

그래프가 볼록해지거나 무너지지 않게 하려면, '가스 딥'(11장을 참조하기 바란다)을 쓰는 것이 어떨까 한다. 가스 딥 방법을 쓰려면 ROR 크래쉬가 언제 일어나는지 정확히 알아야 한다. 나의 경우, ROR 크래쉬 시간대를 명확히 알고 싶을 때 ROR 간격을 10초(크롭스터에서 설정할 수 있는 최소 간격)로 줄인다. 그러면 다음 페이지의 그래프 같은 형태가 나온다. 노이즈가 엄청나게 발생하지만, 그와 함께 ROR 크래쉬 시기가 7분 38초에서 7분 27초로 이동했음을 알 수 있다. 이 11초라는 차이는 가스 딥 방법을 사용해 로스팅을 성공적으로 이끄는 데 필수적이다.

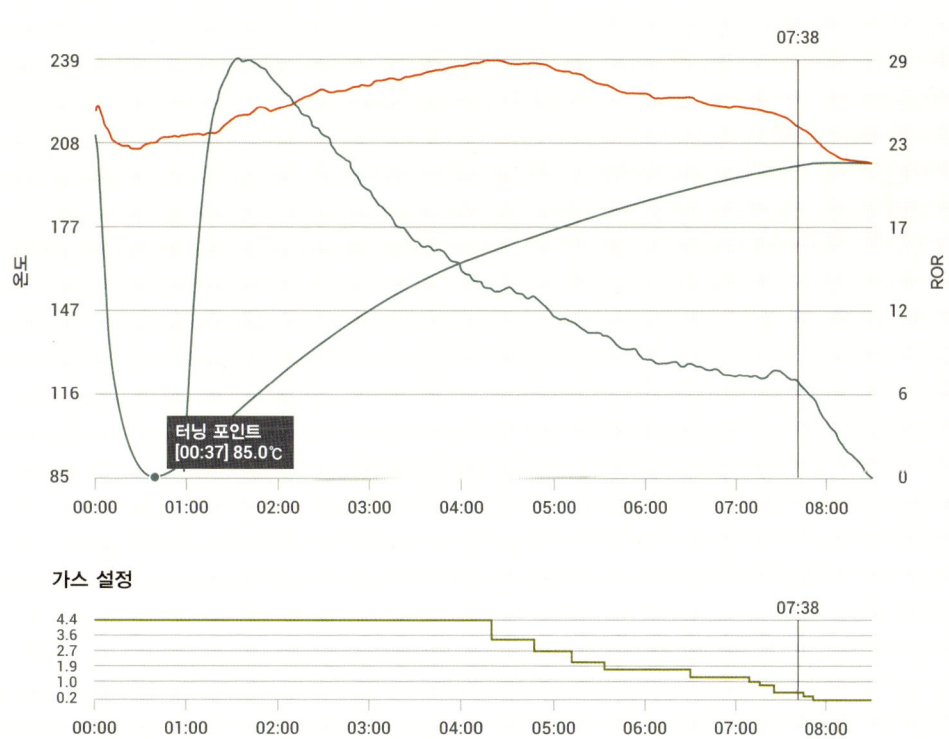

커피로스팅 2

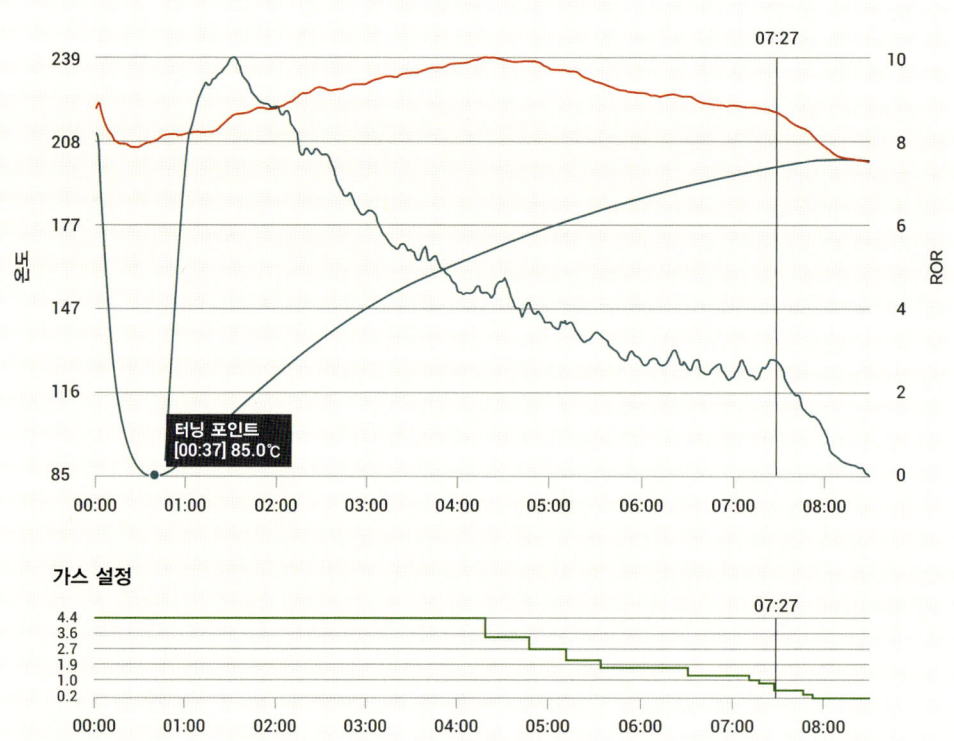

9
에어플로 제어

댐퍼를 쓸 것인가, 변속 가능 팬을 쓸 것인가?

로스팅 머신에 쓸 수 있는 에어플로 제어 기제는 두 가지가 있다. 조정 가능한 댐퍼를 쓰거나 변속 가능한 팬을 쓰는 것이다. 댐퍼는 다소 원시적인 수단으로 에어플로 제어 범위가 좁다. 머신에 댐퍼만 달려 있다면 "한 번 정하면 바꾸지 않는" 것이 가장 좋다. 투박한 데다 정확하지도 않아서 (또는 너무 뜨겁다!) 로스팅 중에 균일하게, 정밀하게 조정하기 어렵기 때문이다. 댐퍼를 얼마나 조정할지 개념을 잡으려면, 4장에서 언급한 대로 담배 라이터 테스트를 하고, 시험 배치를 몇 번 로스팅해 보고, 필요하다면 약간씩 조정한 뒤, 그 상태로 몇 주 정도 가동해 본다.

변속 가능한 팬은 댐퍼에 비해 정확도와 재현성이 좋고, 에어플로 제어 범위가 더 넓다. 아래에 제시한 내용들은 여러분이 변속 가능한 팬을 쓴다는 것을 전제로 한다.

커피로스팅 2

프로밧 P12의 댐퍼

에어플로 제어는 필요 없다

구형 프로밧 UG 로스팅 머신은 에어플로를 조정할 만한 방법을 거의 제공하지 않지만 그럼에도 로스팅 결과물이 훌륭하다는 것은 우리 모두 알고 있다. 이 로스팅 머신, 또는 다른 머신을 써 본 경험들은 최고의 커피를 생산하기 위해 로스팅 중간에 에어플로를 조정할 필요는 없다는 사실을 보여 준다.

드럼 로스터의 조정

에어플로 제어는 1차 크랙이 일어나기 최소한 2분 전에 끝내기를 권장한다. 1차 크랙과 너무 가까운 시점에 팬 속도를 높이면 ROR 곡선이 평평해지거나 올라갈 위

에어플로 제어

험이 높다. 이렇게 되면 곧이어 크래쉬 현상이 나타날 가능성도 커진다(이에 대해서는 10장을 살펴보기 바란다).

팬 조절이 로스팅 곡선에 미치는 영향은 조정 시점과 조정 정도, 배치 용량, 로스팅 머신의 열에너지, 그 외 기타 요소에 따라 달라진다. 일반적으로, 에어플로를 높일 때 나타나는 일시적인 영향으로 로스팅이 잠깐 빨라지는 경우—몇 초 정도 ROR 곡선이 높아지거나, 또는 더 천천히 내려간다—도 있다. 이는 에어플로가 많

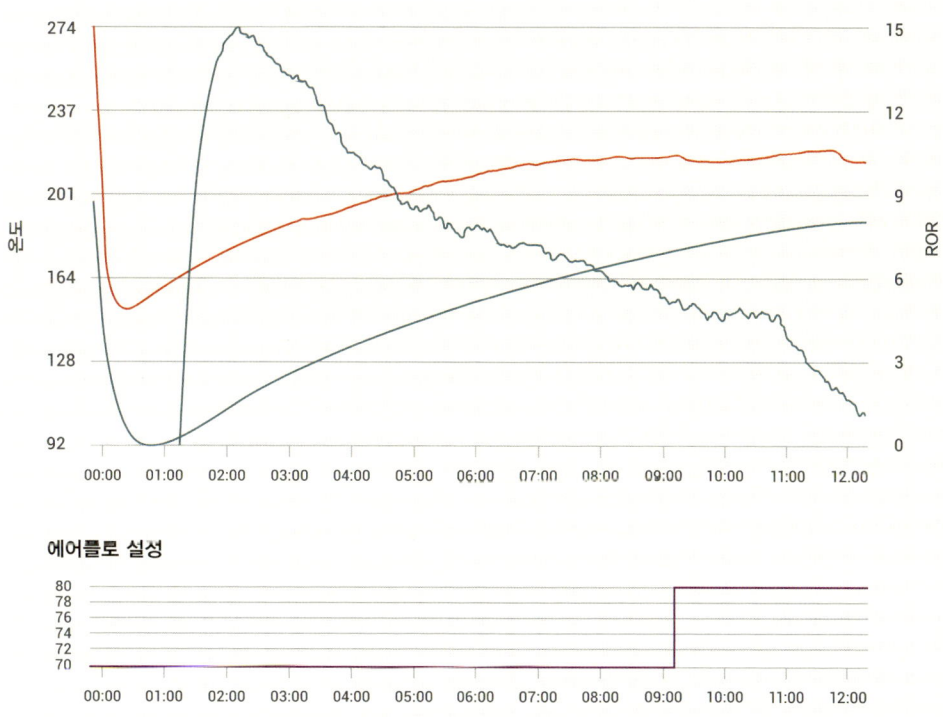

1차 크랙 시작 시기와 너무 가까운 시점에 에어플로를 높였다. 이 때문에 ROR 곡선이 평평해지다가 결국은 크래쉬가 나타났다.

아지면서 로스팅 머신 몸체가 열을 일부 뺏기기 때문인 것으로 보인다. 에어플로를 조정할 때 ROR 곡선을 더 부드럽게 만들려면, 가스 설정을 낮추고 잠시 후 팬 속도를 높이는 것이 좋다. 즉, 가스 설정을 낮추고, 2-3초 기다린 다음, 팬 속도를 높인다.

에어플로 제어가 필요한 로스팅 머신

에너지 공급량이 부족한 재래식 드럼 로스터로 로스팅하거나 버너 출력에 비해 너무 많은 양의 커피콩을 투입한 경우에는 에어플로를 조정하면 어느 정도 도움이 된다. 에너지 공급량이 부족한 드럼 로스터를 쓸 경우에는 배치 시작 첫 몇 분 동안은 에어플로를 억제해 준다. 그렇게 하면 열을 로스팅 머신 안에 가둘 수 있고, 로스팅 속도가 느려지는 것을 방지할 수 있다.

    전기를 열원으로 사용하는 로스팅 머신 또는 간접 가열 방식을 사용하는 로스팅 머신의 경우, 로스팅 초반에는 에어플로는 낮게, 버너 출력은 중-고로 설정한 뒤, 버너 출력은 조금씩 내리고 에어플로는 조금씩 높여 준다. 이런 전략은 로스팅 머신에 저장된 에너지를 방출시켜 로스팅 후반 제어를 용이하게 한다.

10
기본적인 가스 설정

가스 설정 시점을 찾는 방법은 여러 가지가 있지만, 아래의 간단한 방법은 모든 로스팅 머신에 적용할 수 있다. 이 장은 순수하게 실용적인 방법론만 언급하고, 뒷장에서 그 근거와 몇 가지 선진 기법에 대해 설명하겠다.

투입할 때는 가스를 많이, 로스팅을 진행하면서 가스를 점점 줄인다

커피콩 더미를 투입하면 머신의 열에너지와 드럼 속의 공기 온도가 크게 떨어진다. 로스팅 초기 동안 가스 설정을 높이면 적절한 온도로 돌아오는 데 도움이 된다.

  로스팅 과정의 여러 가스 조절법 중에서 다음 방식이 가장 일반적이다: 투입할 때는 가스 설정을 높이고, 커피콩의 온도가 150℃가 될 때까지 그대로 유지, 1차 크랙이 진행되기 전에 몇 번 가스 설정을 내리고, 1차 크랙이 끝난 뒤에 다시 가스 설정을 여러 차례 내린다. 다음 그래프는 이렇게 진행했을 때의 온도 곡선이다. 최적 가스 설정량은 로스팅 머신이나 상황별로 다르다.

커피로스팅 2

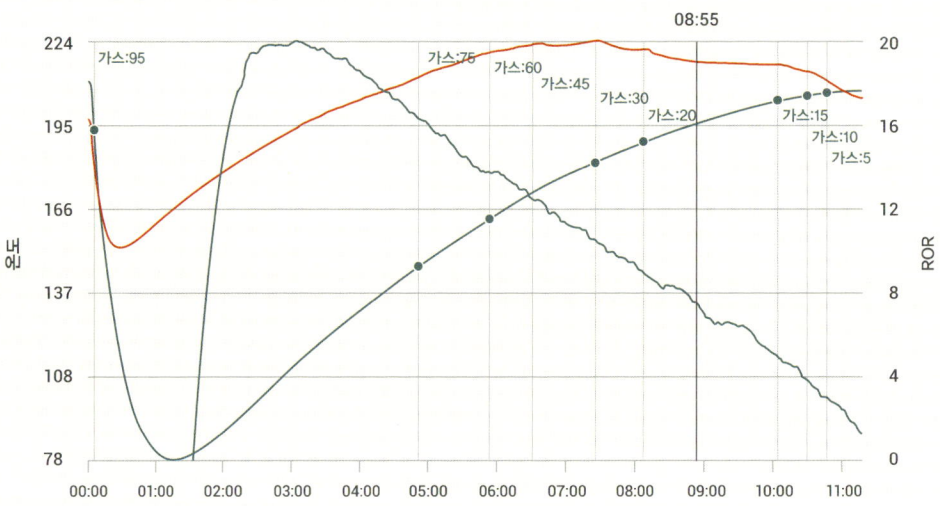

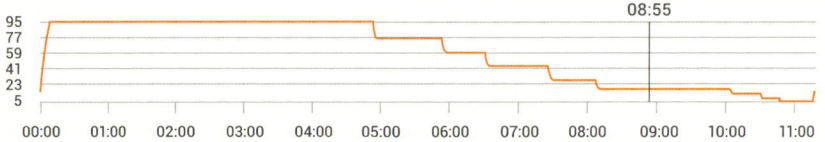

로스팅용 표준 가스 설정 예시

정격 용량 대비 70% 용량, 199℃ 투입 시:
- 투입 시 가스 설정 95%
- 커피콩 온도가 146℃일 때 가스 설정 75%로 내린다.
- 커피콩 온도가 163℃일 때 가스 설정 60%
- 커피콩 온도가 171℃일 때 가스 설정 45%
- 커피콩 온도가 182℃일 때 가스 설정 30%
- 커피콩 온도가 189℃일 때 가스 설정 20%
- 1차 크랙
- DTR 12%에서 가스 설정 15%*
- DTR 14%에서 가스 설정 10%
- DTR 16%에서 가스 설정 5%

* 1차 크랙 후의 가스 조절 시점에 대해서는 후반에 이야기할 것이다.

기본적인 가스 설정

소크(soak)

로스팅 첫 몇 분 동안의 가스 조절법으로 '소크'법이 있다. 투입할 때는 가스 설정을 낮게(또는 가스를 닫음) 한 다음, 로스팅 첫 2분 내에 가스를 최대치로 높이는 방법이다. 소크법을 쓰기로 했다면, 처음엔 가스 설정을 20%로 1분간 진행하고, 조금씩 변수를 바꾸어 알맞은 수치를 찾아보자.

소크법 또한 로스팅 머신과 배치 용량을 막론하고 사용할 수 있지만, 나는 다음 두 가지 상황에서만 소크법을 선호한다:

- **소용량(12kg 미만) 로스팅 머신**: 소용량 로스팅 머신은 열에너지 보유량이 적다. 소크로 소규모 로스팅 머신의 과열을 늦추거나 최소화할 수 있다.
- **배치 간 쿨링이 잘 안 되는 로스팅 머신**: 단열재를 너무 많이 넣었거나 에어플로가 좋지 않은 로스팅 머신은 배치 사이 냉각이 어려울 수 있다. 이런 경우 소크가 도움이 된다.

커피로스팅 2

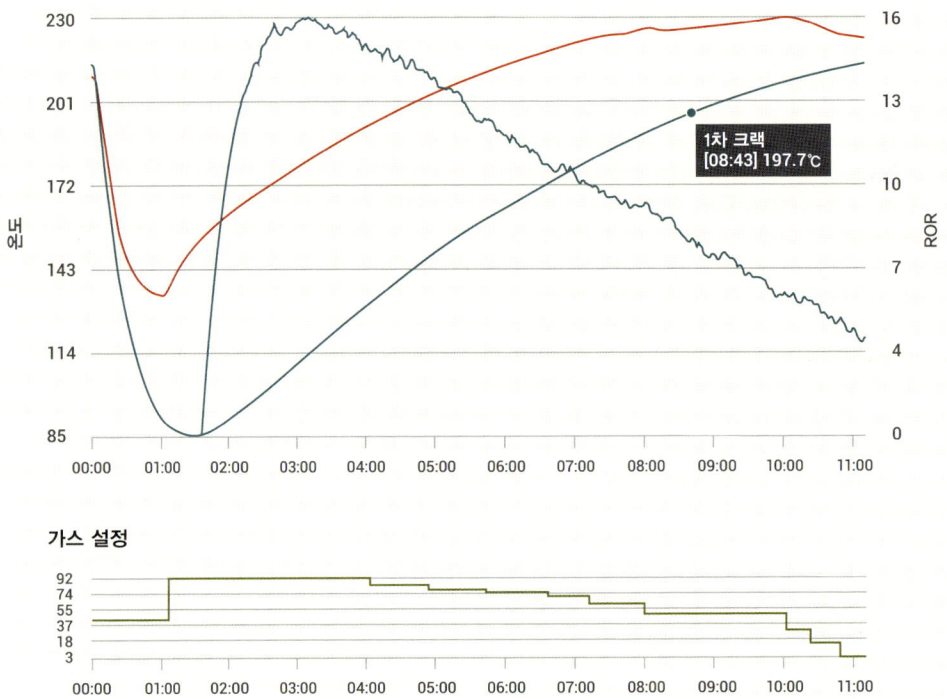

소크법은 가스 설정이나 기간에 대한 기준이 없다. 여기서는 1분간 가스 설정 40%로 소크를 진행했다.

1차 크랙이 다가올 때 기본적인 ROR 관리

소크 없이 투입했고 커피콩의 온도가 150℃가 된 뒤 가스 설정을 차츰 내리는 상황을 가정하자. 대부분의 상황에서 ROR이 부드럽게 내려갈 것이다. 그러나 1차 크랙이 다가오면서부터 ROR을 제어하기 어려워진다. 경험상, 1차 크랙이 시작되리라 예상하는 시점에서 40-45초쯤 전에 가스 설정을 대폭 내리는 것이 좋다. 이 시점에 딱 알맞게 가스를 줄이면 1차 크랙이 시작되기 직전 및 1차 크랙이 시작된 뒤에도 ROR이 부드럽게 내려온다. 그러나 이 '딱 알맞은' 가스 양을 찾아내려면 어느 정도

기본적인 가스 설정

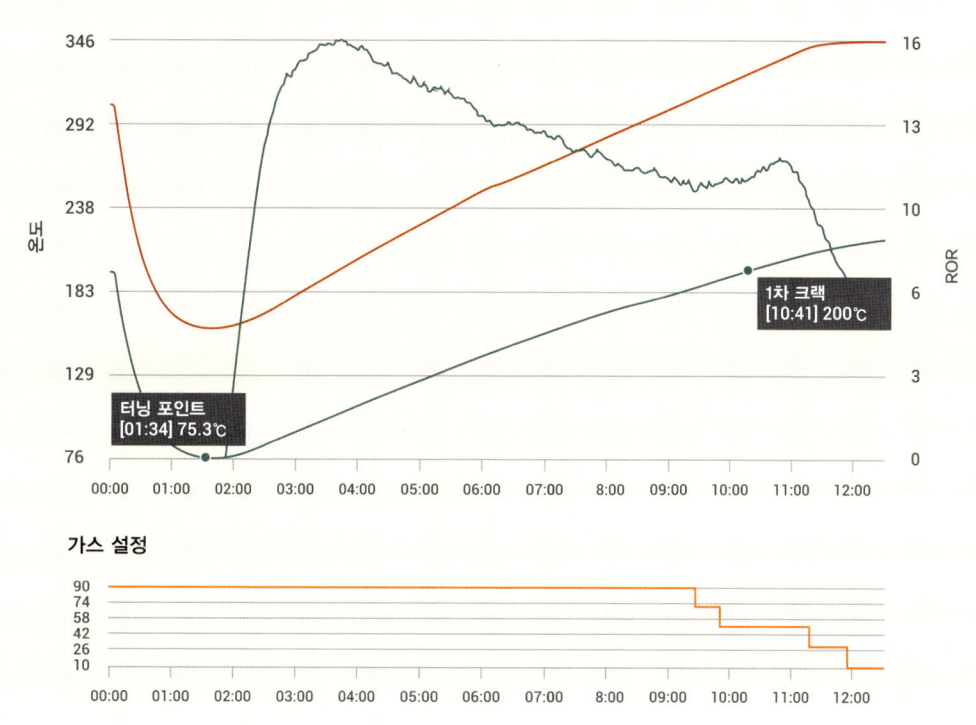

이 로스팅은 1차 크랙까지 가스 설정이 너무 높았다.

시행 착오를 겪어야 한다. 아래 시나리오는 에어플로 설정이 알맞은 상태이며 1차 크랙 시기 2분 전부터는 변화가 없다고 상정했다.

- ROR 곡선이 수평을 이루거나 상승한 다음 무너질 경우는 가스 설정이 너무 높은 것이다.
- ROR 곡선이 1차 크랙 전까지 꾸준히 내려가다가 1차 크랙 중에 푹 꺼져 수평을 이루는 경우는 가스 설정이 너무 낮은 것이다.

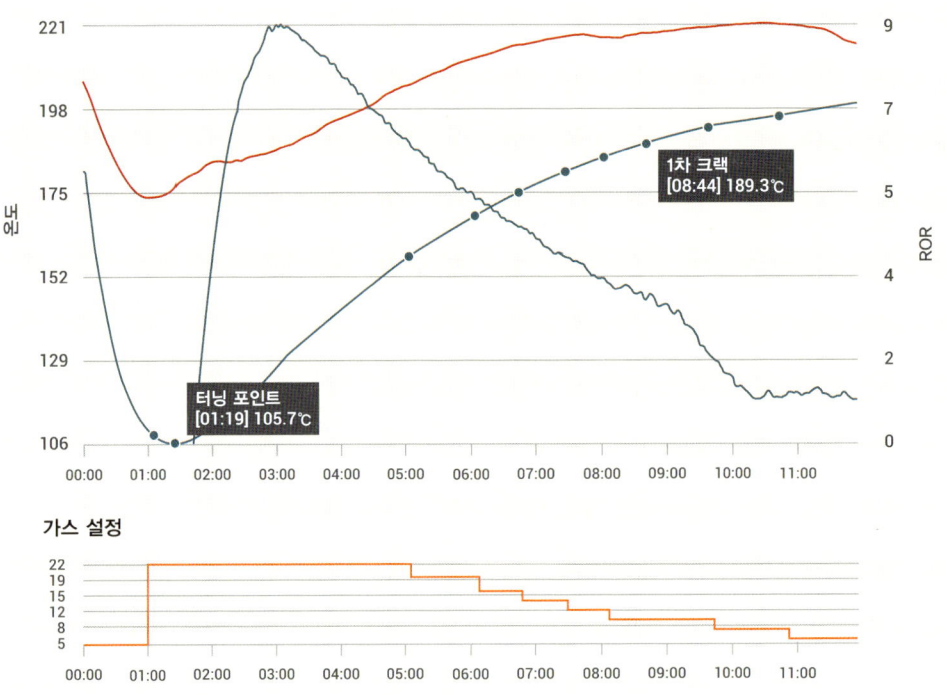

로스팅 중반부에 가스 설정을 너무 내려서 1차 크랙 이후 ROR 곡선이 낮아 수평을 이룬다.

'소프트' ROR 크래쉬 조정(Fixing 'soft' ROR crashes)

오른쪽 그래프는 ROR 곡선이 살짝 무너지는 사례를 보여 준다. 소프트 ROR 크래쉬는 ROR 곡선이 아래쪽으로 향하다 떨어지는 형태로서, 이를 부드럽게 바꾸고자 할 때 첫 번째 선택지는 로스팅 중 가스 설정을 대폭 내리는 것이다.

'하드' ROR 크래쉬 조정(Fixing 'hard' ROR crashes)

로스팅 중 가스 설정을 내리는 정도로는 ROR 곡선을 부드럽게 만들 수 없는 경우

기본적인 가스 설정

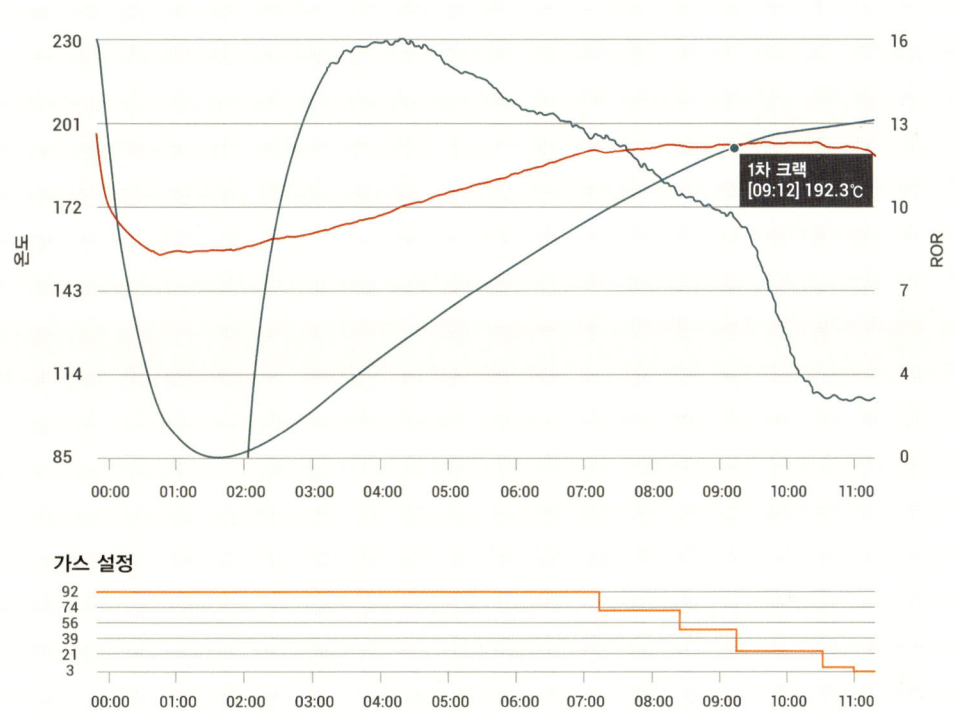

가스 설정이 너무 높은 상태로 1차 크랙에 돌입했을 가능성이 높다.

가 있다. 나는 이를 하드 ROR 크래쉬라고 부른다. 이 경우는 ROR 곡선이 너무나 급작스럽게, 수평선 대비 거의 90도 각도로 꺾이는 데다가 로스터는 ROR 크래쉬 전에 이미 가스 설정을 매우 낮게 해 둔 상태이다. 이러한 강한 크래쉬를 교정하고자 할 때는 가스 딥(11장 참조)을 권장한다.

1차 크랙 뒤 가스 교정

가스 설정 시기는 1차 크랙 전에는 커피콩의 온도에 맞추고, 1차 크랙 뒤에는 발현

커피로스팅 2

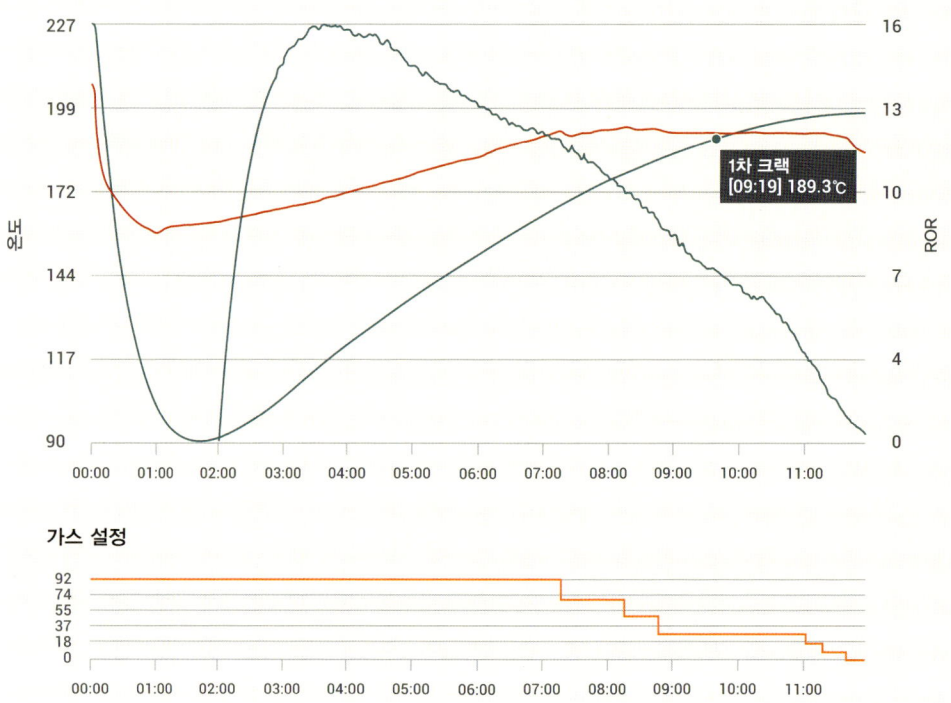

1차 크랙 전에 가스 설정을 내려 ROR 크래쉬를 방지했다.

시간 비율(DTR)에 맞추자. 1차 크랙이 지나면 커피콩의 온도는 천천히 변화하는데, 때로는 예측 불가능하게 움직인다. 그러므로 가스 설정을 바꾸는 시기를 잡을 때 커피콩 온도는 적절한 지표가 되지 못한다. 이에 반해 발현 시간 비율은 ROR 크래쉬나 플릭 현상을 예견하고 예방하는 탁월한 기준이 될 수 있다.

1차 크랙 이후 표준 가스 설정 형태는 다음과 같을 것이다:
- DTR 12%에서 가스는 절반으로 줄인다.

기본적인 가스 설정

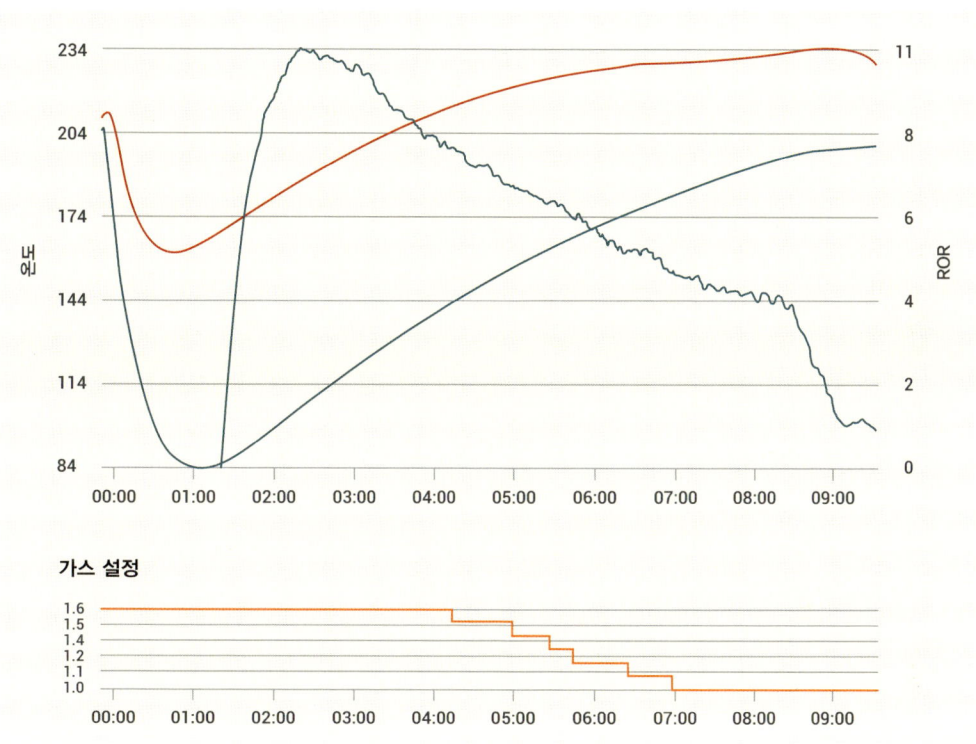

하드 ROR 크래쉬 교정이 필요하다.

- DTR 14%에서 가스를 다시 그 절반으로 줄인다.
- DTR 16%에서 가스를 다시 그 절반으로 줄이거나, 또는 잠근다.

수치로 표현한다면, 1차 크랙에 돌입할 때 가스 설정이 20(%)이라고 가정할 때 1차 크랙 이후의 가스 설정은 다음과 같을 것이다.

- DTR 12%에서 가스 10(%)
- DTR 14%에서 가스 5(%)

커피로스팅 2

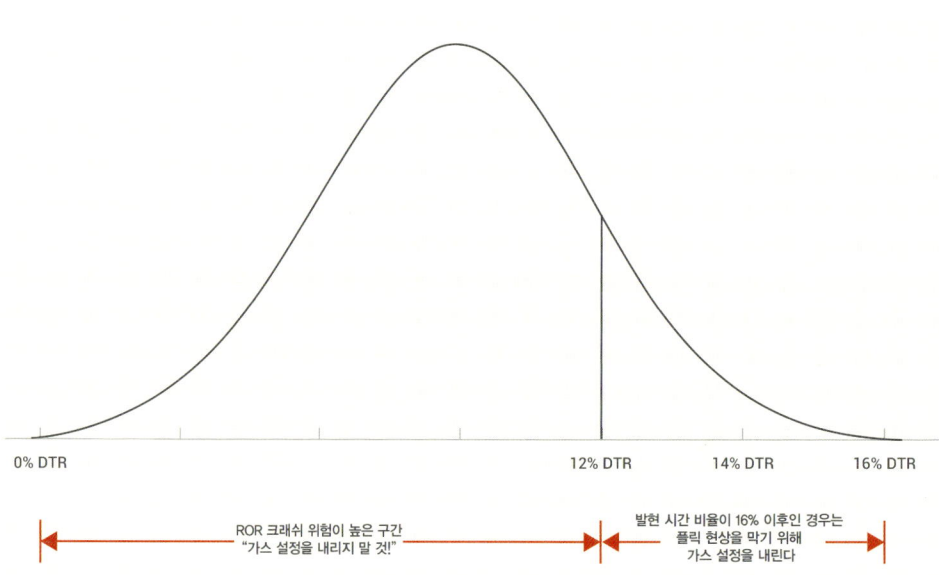

1차 크랙 전반부에는 수분이 빠르게 방출되면서 ROR 크래쉬가 나타날 위험이 크다. 이때 절대 가스 설정을 내리면 안 된다. 이후 크랙이 천천히 진행되고 수분 방출 속도 또한 느려지면, ROR 크래쉬 위험은 낮아지지만 대신 플릭이 발생할 위험이 높아진다. 경험적으로, 가스 딥(11장 참조)을 쓰지 않을 경우 플릭 시점은 언제나 발현 시간 비율 16-17% 때였다. 그러므로, ROR 크래쉬 위험이 클 때는 가스 설정을 내려서는 안 된다. 그러나 그 이후 플릭을 방지하려면 가스 설정을 내리는 것이 필수이다.

- DTR 16%에서 가스 2(%)

전문가를 위한 조언: 1차 크랙이 더 늦게 나타나는 경우, 더 이른 DTR 시점에서 위 가스 설정을 적용해 보자.

1차 크랙 중 가스 조절 시점

이 책에서 몇 번 언급했지만, 1차 크랙은 압축됐던 수분이 커피콩의 중심부에서부터 밖으로 공격적으로 방출되는 현상이다. 수분이 방출되면서 커피콩의 표면 온도는 낮아지고 뜨거운 공기 일부가 커피콩에서 함께 빠져나간다. 1차 크랙은 약 1-3

기본적인 가스 설정

분간 진행되며 천천히 시작했다가 점점 거세진 다음 다시 느려진다. 1차 크랙이 진행되는 동안 ROR 곡선은 거칠게 움직일 '위험'이 있다. 능숙한 로스터라면 ROR 곡선이 요동칠 위험을 예측하고 ROR이 부드럽게 내려올 수 있게 가스를 미리 능동적으로 조정할 것이다.

이는 1차 크랙에 들어갈 때는 ROR 크래쉬가 오지 않게 적절한 가스 설정값으로 두고, 크래쉬 위험이 지나갈 때까지 그 가스 설정을 유지해야 하며, 발현 시간 비율이 12%가 되면서부터 가스 설정을 공격적으로 내려야 한다는 뜻이다.

아래 예시를 보자:

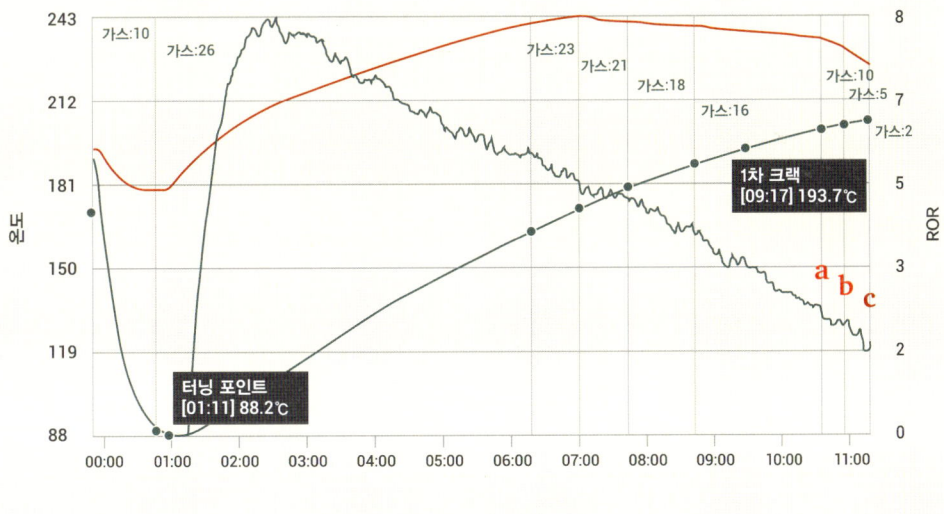

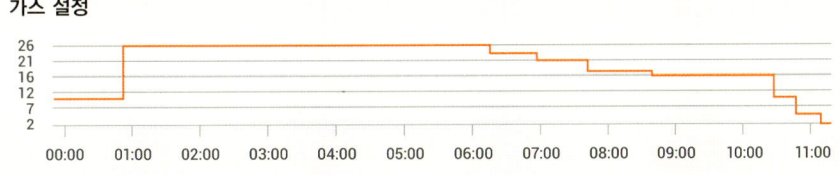

로스터는 a지점에서 가스를 거의 절반 가까이 줄였고, b에서 그 절반, c에서 다시 그 절반을 줄였다.

유입 공기 온도

유입 공기 온도는 버너에서 드럼으로 들어가는 뜨거운 공기의 온도를 말한다. 대다수 로스팅 머신에서 유입 공기 온도는 측정하지 않는다. 그렇지만 유입 공기 온도계가 있으면 로스팅 온도 곡선을 예견하고 제어하는 데 유용하다. 일부 대형 로스팅 머신은 로스팅 제어용으로 가스 설정 대신 유입 공기 온도를 프로그램 제어한다.

가스 조절은 로스터가 버너 온도를 제어하는 데 사용하는 것으로 '입력' 속성인 데 비해, 유입 공기 온도는 버너 온도 제어 결과로 나오는 '출력' 속성이다. 그러므로 로스팅 중 커피콩의 변화는 유입 공기 온도 쪽이 더 직접적으로 반영할 수 있다. 논쟁의 여지는 있지만, 유입 공기 온도야말로 가스 조절보다 더 알맞다.

개인 의견이지만, 가스 조절 방식은 더 간단하고 더 직관적이다. 그에 비해 유

기본적인 가스 설정

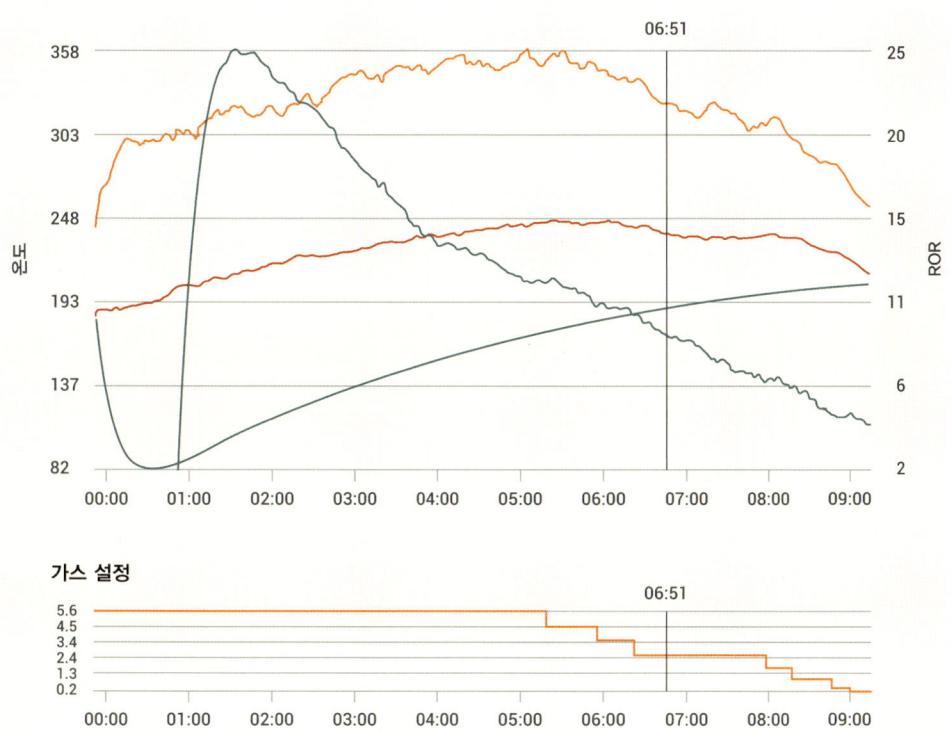

차트 맨 위의 들쭉날쭉한 오렌지색 곡선이 유입 공기 온도를 나타낸다.

입 공기 온도 설정은 제대로만 한다면 로스팅 제어에 보다 효과적이다. 유입 공기 온도를 어떻게 프로그래밍할지 구체적으로 제시하지는 않겠다. 다만 로스터가 순전히 가스 조절만으로 로스팅을 제어한다 해도 유입 공기 온도 곡선은 추적하는 것이 좋다.

11

수분 방출 단계와
가스 딥

생두에는 수분이 무게비로 8-12% 들어 있다. 로스팅 중 화학 반응으로 물이 생성되고 또 빠져나간다. 결과적으로 로스팅이 끝난 뒤 커피콩에는 1.5-2.5% 정도의 수분만 남는다. Illy의 책《Espresso Coffee: The Science of Quality》에서는 커피콩에서 수증기가 방출되면서 생성되는 수분에 의한 냉각 현상인 '표면 증발'에 대해 설명한다. 무더운 여름날 달리기를 하면 땀이 나고, 이 땀의 상당량이 피부에서 증발하면서 체온을 내려 준다. 같은 식으로, 로스팅 중 방출된 수분은 커피콩의 표면에서 '증발하면서 냉각' 작용을 일으킨다. 커피콩 표면에서 수분이 발산하는 중에는 열이 내부로 잘 전달되지 못한다. 그러므로 로스팅 중 수분이 많이 방출될수록 더 많은 열이 필요하다.

커피콩에서 수분이 거의 또는 전혀 방출되지 않는 단계를 진행하는 동안, 로스터는 커피콩의 표면 가열 정도를 유지하기 위해 가스 설정을 내릴 수 있다. 반대로 커피콩에서 수분이 상당량 방출되는 동안에 로스터는 표면 증발을 이겨내고 동일

수분 방출 단계와 가스 딥

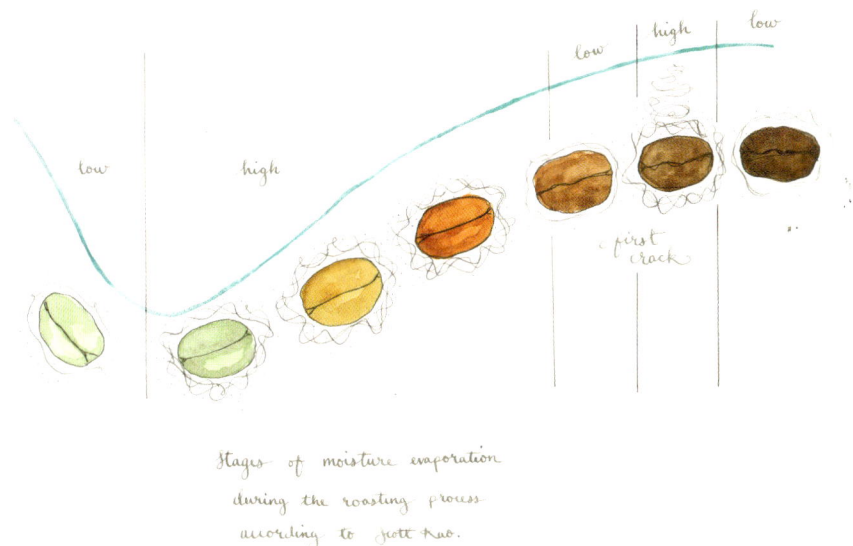

Stages of moisture evaporation during the roasting process according to Scott Rao.

한 가열 정도를 유지할 수 있게 가스 설정을 높여야 한다(다만 1차 크랙은 예외이다. 더 자세한 내용은 이번 장에서 이야기할 것이다).

일부 로스터는 1차 크랙 중에 ROR 크래쉬가 나타나는 것을 '진짜'가 아니라고 믿는다. 그들은 이 시점에서 ROR 곡선이 떨어지는 것은 수분(또는 다른 요소) 때문에 커피콩의 온도계가 '착각'하는 것이며 커피콩 표면의 온도를 정확히 반영하지는 못한다고 생각한다. 그러나 나는 이 의견에 동의하지 않는다. 여름철 더위로 땀이 나는 것이 당연한 것처럼 이 현상 또한 착각이 아니다.—땀이 나면 피부가 실제로 시원해진다. 동일하게, ROR 크래쉬가 나타나면 커피콩의 표면 온도는 천천히 올라가고 심지어 잠시 동안은 냉각된다.

이론 설명은 이쯤 하고, ROR 크래쉬가 실제 현상이라는 사실은 블라인드 커핑으로 가장 잘 입증할 수 있다. 실력 있는 커피 전문가라면 ROR 크래쉬가 나타난 로스팅 결과물과 ROR 곡선이 부드럽게 내려간 로스팅 결과물을 맛으로 구분할 수 있다. ROR 크래쉬가 나타난 로스팅 결과물은 언제나 베이크드한 느낌(맛이 덜 들었고 덜 달다)이 더 강하다.

수분 방출 단계

1단계(낮음): 0초에서 1분 30초 사이 ─ 수분이 거의 또는 전혀 방출되지 않음

로스팅 시작 후 수 분 동안을 흔히 '건조 단계'라고 하는데, 이 이름은 적절하지 않다. 마땅히 사라져야 할 개념인데 아직도 버티고 남아 있다. 일반적인 10-12분 로스팅 중 첫 60-90초 동안은 커피콩 온도가 물 끓는점 정도까지 올라가지 않는다. 그렇기에 수분 방출도 유의미한 수준이 아니다.

수분 방출 단계와 가스 딥

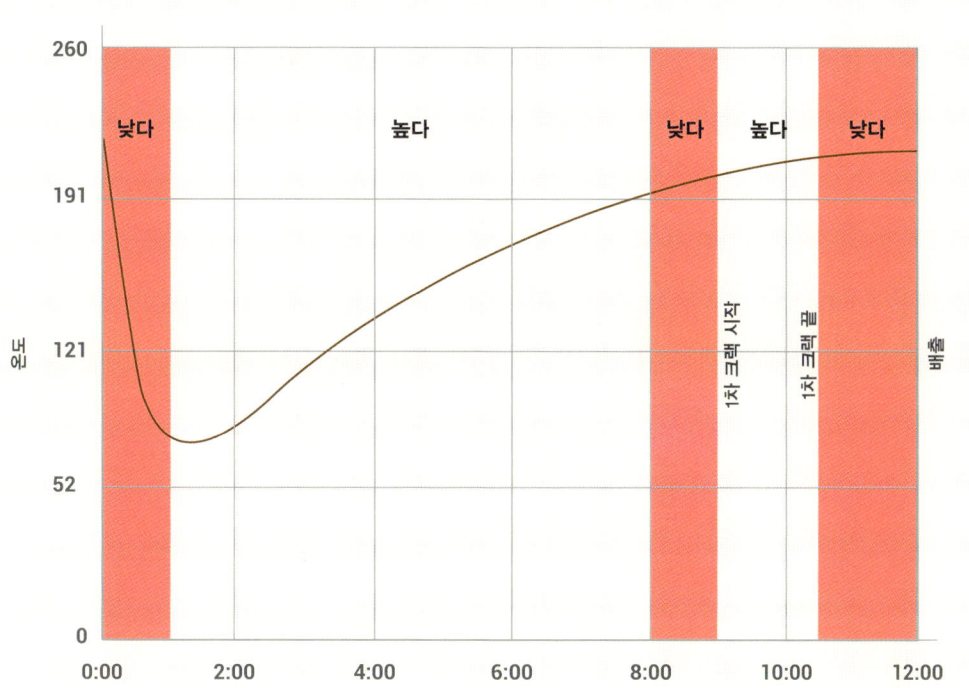

로스팅 중 수분 방출은 다섯 번째 단계에 이루어진다. 여기서 제시된 시간은 로스팅을 12분간 진행했을 때를 기준으로 어림한 것으로 절대적인 권장 사항이 아니다.

2단계: 1분 30초에서 1차 크랙이 시작되기 45초 전 — 안정적, 다량의 수분 방출

커피콩의 내부까지 물이 끓는 온도에 도달하면서, 수분이 점점 빠르게, 상당량 방출된다. 1차 크랙이 시작되기 대략 45-60초 전까지 이 현상이 계속된다.

3단계: 1차 크랙이 시작되기 45초 전부터 1차 크랙까지 — 소량의 수분 방출

1차 크랙이 가까워지면서, 남아 있는 수분 상당량이 안쪽의 단단한, 아직 깨지지 않은 내핵 구조에 갇힌다. 1차 크랙이 시작되기 45-60초 전의 수분 방출량은 매우 적다. 아마도 1차 크랙이 시작되기 직전에 ROR 곡선이 수평을 이루거나 높아지는 것은 이 때문일 것이다.

4단계: 1차 크랙 — 급속도로 진행되는 수분 방출

1차 크랙이 시작되면 셀룰로스 구조가 부서지는 소리와 함께 수분이 급속도로 방출된다. 소리와 수분 방출은 처음에는 천천히 진행되다가 점차 강도가 강해지고 크랙이 끝나면서 잦아든다.

5단계: 1차 크랙 이후 — 극소량의 수분 방출

1차 크랙이 잦아들 때쯤엔, 커피콩 내부에 있던 수분은 거의 사라지고 수분도 방출되지 않는다. ROR 곡선이 급상승하는, 즉 플릭을 방지하기 위해서는, 로스터는 이 단계가 시작되기 전에 가스 설정을 대폭 낮추거나 아예 가스를 닫아야 한다.

수분 방출 단계를 바탕으로 가스 설정하는 방법

로스팅 중 수분 방출 양상을 이해했다면, 이제 ROR 곡선을 부드럽게 떨어뜨리는 데 필요한 가스 설정 타이밍을 추정할 수 있다. 커피콩에서 수분이 많이 방출될 때는 가스를 더 많이 공급해야 하며, 수분 방출량이 줄어들 때는 가스를 적게 공급해야 한다.

한 가지 예외가 있는데, 1차 크랙 중에 수분 방출량이 많아져 극대치를 찍는다 해도, ROR 크래쉬를 막으려는 목적으로 가스 설정을 급격하게 높이면 안 된다. 만약 이때 가스를 높이면 ROR 곡선은 부드럽게 나타날 수 있으나 커피에서 로스티

수분 방출 단계와 가스 딥

한 향이 날 수 있고, 달콤한 맛을 잃을 수 있다.

3단계, 즉 1차 크랙 직전에 수분 방출량은 줄어들며, 아예 수분 방출이 중지될 수도 있다. 10장에서 언급했듯이, 1차 크랙이 시작되기 40-45초 전에 가스 설정을 크게 줄이는 것은 전략적으로 좋다. ROR 크래쉬를 막으려면 이 전략이 적절하다. 가스 설정을 잘 잡고 유지하면 ROR이 1차 크랙 전에 수평이 되거

> 로스터는 ROR 크래쉬를 막으려고 가스 설정을 급격하게 높여서는 안 된다.

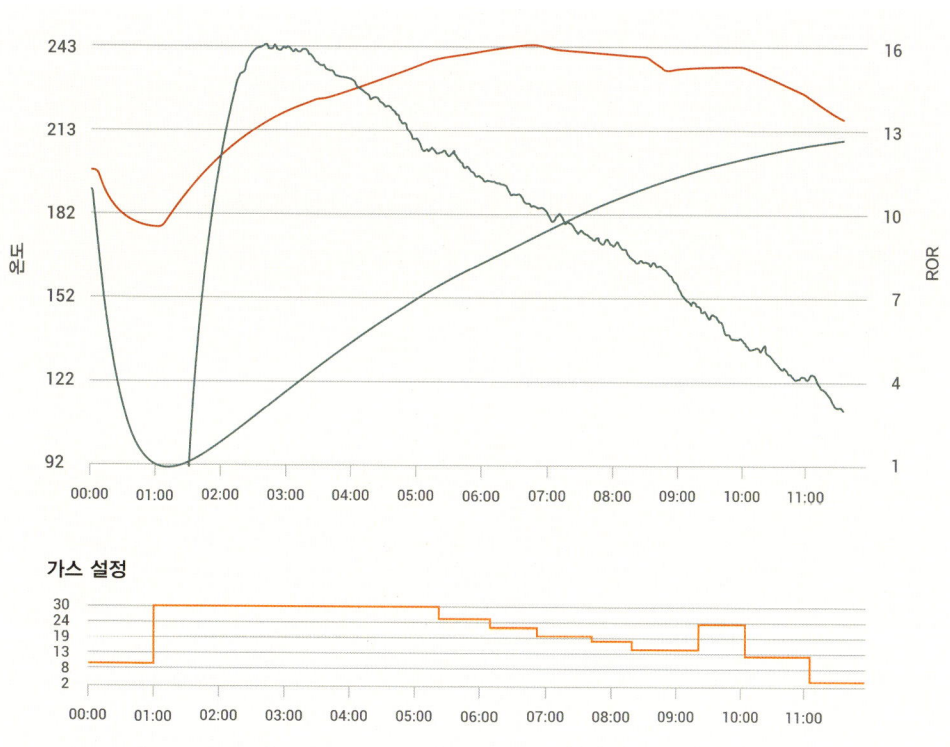

가스 공급량을 늘리면 곡선 형태는 좋아 보이지만 커피 맛은 로스티해질 수 있다.

커피로스팅 2

수분 방출 단계와 가스 딥

나 올라가는 것을 막을 수 있고, 나아가 1차 크랙 이후에 ROR 크래쉬가 오지 않게 충분한 에너지도 공급할 것이기 때문이다.

그런데 3단계에서 최대한 노력을 했는데도 불구하고 커피의 ROR 크래쉬가 온다면, 가스 딥이라는 선구적인 방법을 권한다.

가스 딥

가스 딥은 ROR 크래쉬를 다른 방법으로 막을 수 없을 때 특히 유용하다. 내가 로스팅 후반에 가스 설정을 높이라고 권하는 경우는 오직 가스 딥뿐이다. 가스 딥을 시도할 때는 아래에 기술된 방법을 정확히 따라야 한

> **기본적인 가스 딥**
>
> 가스 딥을 할 때는 20초간 가스를 50% 줄이고, ROR 크래쉬 현상이 나타날 것으로 예상되는 시점에서 15초쯤 전에 가스를 줄이기 전 수준으로 회복시킨다.

다. 하이 리스크 하이 리턴이기에 자칫하면 로스팅을 망친다. 그러므로 강한 ROR 크래쉬 조짐이 있을 때에만 가스 딥을 시도하기 바란다. 그땐 이미 잃을 것이 많지 않다.

다음 페이지의 로스팅 사례는 르완다 커피를 사용했다. 1차 배치는 ROR 곡선이 수평을 이루다 무너졌다. 그래서 다음 번 배치에서 가스 딥을 사용해 로스팅을 개선해 보려고 한다.

가스 딥이 가능한 이유는?

가스 딥이 가능한 이유는 3단계(1차 크랙 이전의 단계)에서 수분 방출량이 낮아지기 때문이다. 이때는 증발로 인한 냉각 현상이 둔해지거나 멈추기 때문에, 가스 설정

커피로스팅 2

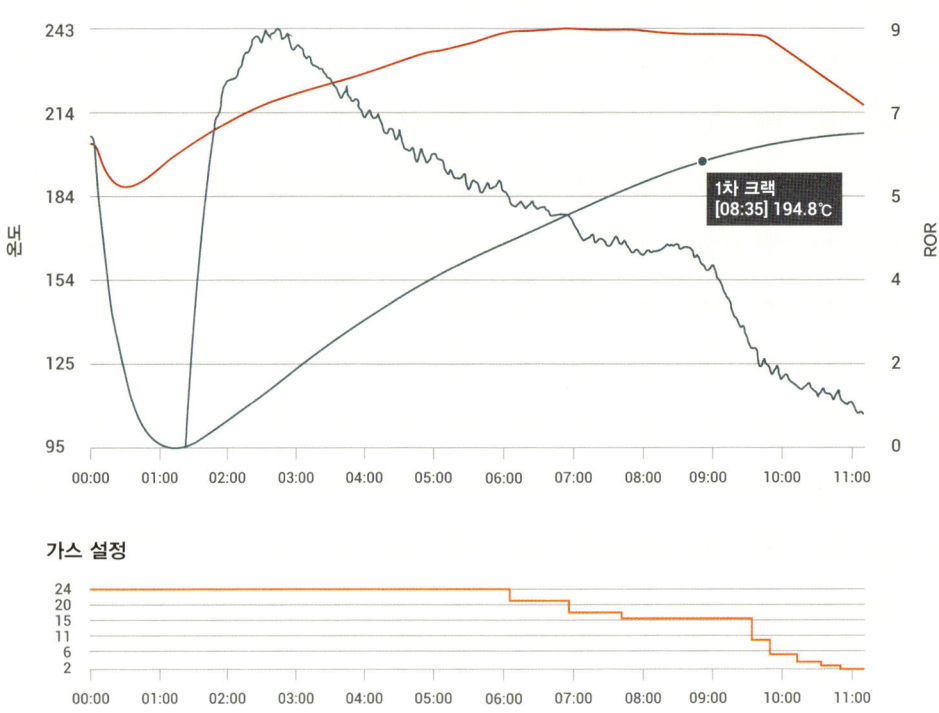

1차 로스팅에서는 가스 설정을 조금씩 줄였고, 그 결과 ROR 곡선은 수평을 이루다 떨어졌다. 음료는 베이크드한 맛이 났는데, 더 맛있고 달콤하게 만들 수 있다는 느낌이 들었다.

을 크게 내리면 ROR 곡선이 일정하고 지속적으로 내려가게 하는 데 도움이 된다. 가스 설정을 내리면 드럼의 온도도 내려가므로 나중에 가스 설정을 높이더라도 드럼 과열로 인한 거친 향미 또는 로스티한 향미가 발생할 우려가 없다. 가스 딥 이후에 가스를 더 많이 공급하면 'ROR 크래쉬가 올 수 있는 시간대'를 안전하게 지나갈 수 있다.

수분 방출 단계와 가스 딥

로스팅 중 가스 딥 시점은 언제일까?

- 가스 딥을 하지 않고 한 배치를 로스팅한다.
- 강한 ROR 크래쉬 현상이 나타난다면, 이 커피는 가스 딥을 할 후보군에 속한다.
- 크롭스터에서 ROR 간격을 10초로 한다(아티산을 쓸 경우는 델타 스팬 값을 5초 또는 10초로 한다). 이 정도 노이즈가 적당하다.
- ROR 크래쉬 순간을 주목한다.
- ROR 크래쉬 시점에서 40-45초 전에 커피콩의 온도에 주목한다(로스팅이 빨리 진행된다면 40초 전, 로스팅이 천천히 진행된다면 45초 전을 주목한다).
- 다음 번 배치는 해당 온도에서 가스 딥을 실행한다(이 온도를 딥 온도라고 하자).
- 가스 딥을 실행할 온도에서 가스를 반으로 줄이고 20초간 둔다.
- 20초가 지나면 가스를 줄이기 전 수준으로 올린다.
- 1차 크랙이 끝나기(대략 발현 시간 비율 9%) 전까지 가스를 다시 떨어뜨리지 않는다.

전문가를 위한 조언:

- 가스 딥 중에 ROR 크래쉬 현상이 나타났다면 가스 딥 타이밍이 너무 늦은 것으로 볼 수 있다.
- 가스 딥 후에 ROR 곡선이 볼록해졌다면, 가스 딥 타이밍이 너무 이르다고 볼 수 있다.
- 가스 딥 도중 그리고 가스 딥 이후에 ROR이 부드럽게 내려간다면, 가스 딥 타이밍이 적당하다고 볼 수 있다.
- 가스 딥 후 가스 설정을 되돌릴 때, 이전의 가스 설정보다 약간 높게 맞추더라도 ROR 곡선이 수평을 그리지 않는다면, 가스 딥 이전의 설정보다 약간 높이는 편이 나을 수 있다.
- 가스 딥 후의 1차 크랙은 더 거셀 수 있고, 이때의 가스 설정도 보통 로스팅

커피로스팅 2

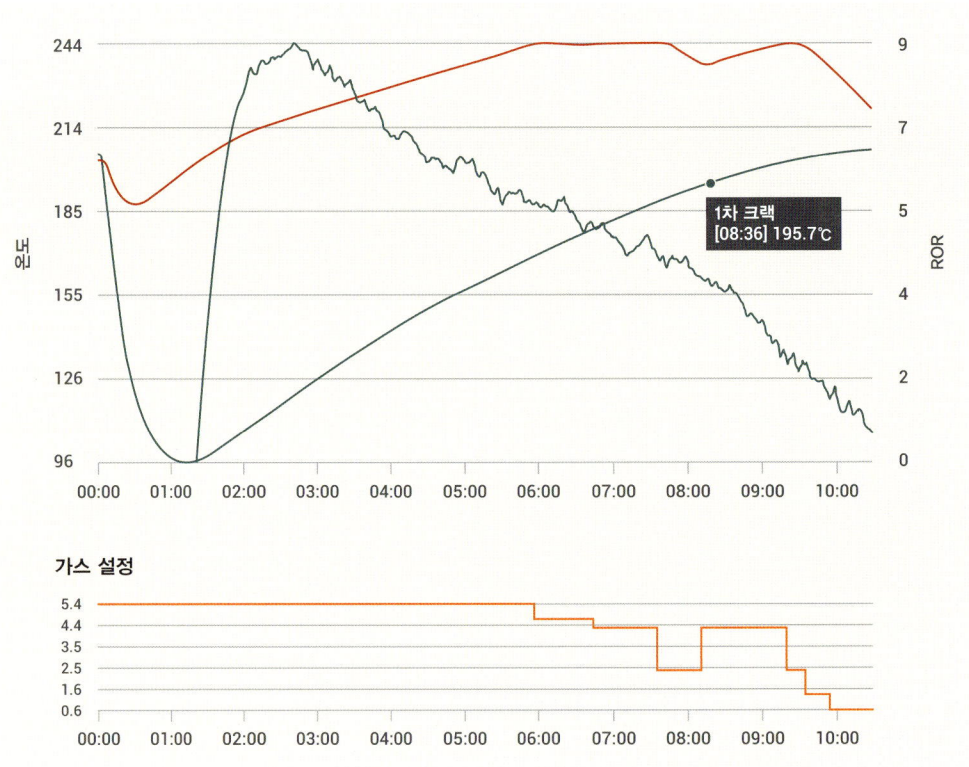

위 로스팅에서 로스터는 20초간 가스 설정을 내렸다가 ROR 크래쉬가 예상되는 시점보다 15초 전쯤 가스를 내리기 전 단계로 돌려놓았다. 1차 크랙이 잦아들자 가스 설정을 점차 내리며 ROR 곡선이 부드럽게 내려가도록 제어했다.

중 해당 시점의 설정값에 비해 더 높을 수 있다. 그러니 가스 딥을 할 때는 가스를 확 줄이자. 보통 가스 딥 시작 시점은 발현 시간 비율이 9%인 시점이다.
- 어떤 커피는 예상하지 못했던 시점에서 ROR 크래쉬가 온다. 예를 들어, 작년(2019년)에 수확한 에티오피아 커피는 1차 크랙을 시작하고 나서 1분 이상

수분 방출 단계와 가스 딥

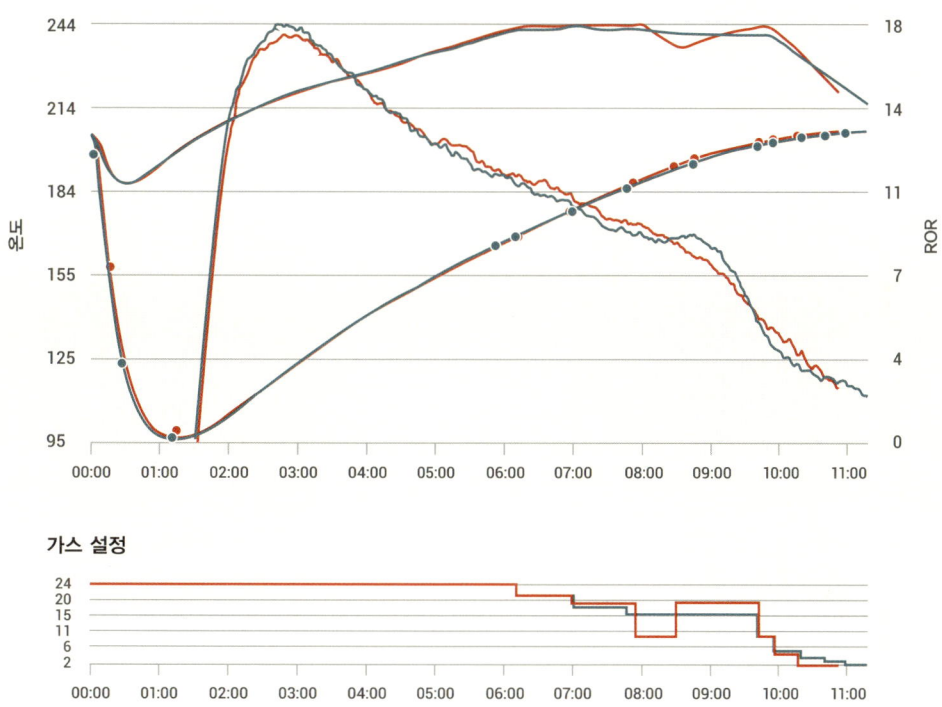

동일 커피를 동일하게 로스팅하되 붉은 선의 배치는 가스 딥을 진행했고 푸른 선의 배치는 가스 딥을 하지 않았다. 두 로스팅 모두 공급한 가스 총량은 대략 비슷했지만 가스 딥을 하면서 공급 패턴이 달라진 것에 주목하자. 가스 딥 중에는 가스 공급량이 적고, 가스 딥 전후로는 공급량이 일반 대비 더 많다.

지난 뒤 ROR 크래쉬가 왔다. 이런 경우 ROR 감소를 제어할 필요가 있다면, 1차 크랙은 무시하고 필요한 만큼 가스를 조절하는 것이 좋다. 심지어 1차 크랙이 지난 뒤에 가스 딥을 해야 할 때도 있다. 단언하는데, 그래도 좋다.

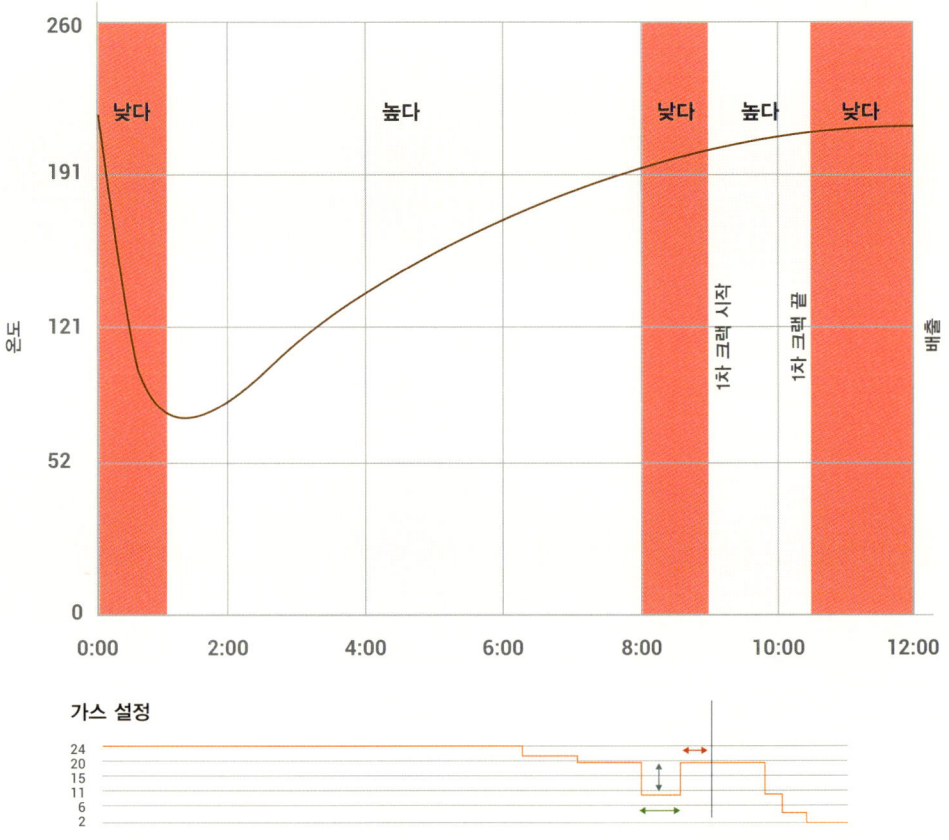

이 차트는 수분 방출 단계 그래프와 크롭스터에서 표시하는 가스 공급 곡선을 보여 준다. 수분 방출량이 적어지는 단계로 들어서는 순간 로스터가 가스 딥을 했음에 주목하자. 이 단계에 들어서는 시점에 맞추어 가스 딥을 할 수 있다면, ROR 곡선은 확실히 부드럽게 내려갈 것이다.

12
공기 ROR 곡선

주의: 이 책에서 ROR(rate of rise, 온도 상승률)은 로스팅 중 커피콩의 ROR을 의미한다. 그러나 이번 장에서는 '공기 ROR'이란 말을 도입하고, 혼란을 피하기 위해 커피콩의 ROR, (드럼에서 배출되는) 공기 ROR이란 용어를 구분해서 사용했다. 다음 장부터는 다시 커피콩의 ROR이란 뜻으로만 사용하겠다.

경험이 풍부한 로스터라면 언제 1차 크랙이 시작할지, 언제 공기 온도 곡선이 올라갈지 안다. 2018년에 나는 문득 1차 크랙 시작점을, 공기 온도가 상승하는 양상을 보면서, 더 정확하게는 공기 ROR이 푹 꺼졌다가 갑자기 큰 폭으로 오르는 현상으로 알아볼 수 있겠다는 생각이 들었다. 이건 대단한 발견이다. 그전까지 1차 크랙 시작점은 거의 전적으로 소리에만 의존했기 때문이다. 그런데 일부 로스팅 머신은 크랙 소리를 듣기 매우 어렵다는 점을 감안하면, 1차 크랙을 소리에 기반해 인지하는 것은 신뢰도가 낮은 방법이다.

커피로스팅 2

위와 같은 현상이 왜 일어나는지 설명한 자료는 아직 나오지 않은 것 같다. 그렇기에 아래 설명은 나의 추정에 기반한다. 11장에서 언급한 대로, 커피콩은 1차 크랙 중 잠깐 동안 다량의 수분을 내뿜는다. 이 수분 방출을 제대로 제어하지 못하면 그 뒤에 커피콩의 ROR 크래쉬 현상이 나타난다. 단순하게 생각하면 방출된 수분은 상대적으로 온도가 낮고, 그 때문에 커피콩의 ROR이 꺾인 것일 수 있다. 그런데 커피콩의 ROR이 크게 떨어지는 원인이 하나 더 있다. 1차 크랙 중 방출되는 수분이 버너에서 공급된 뜨거운 공기가 커피콩과 만나지 못하게 막아 버리는 것이다. 이것

공기 ROR 곡선

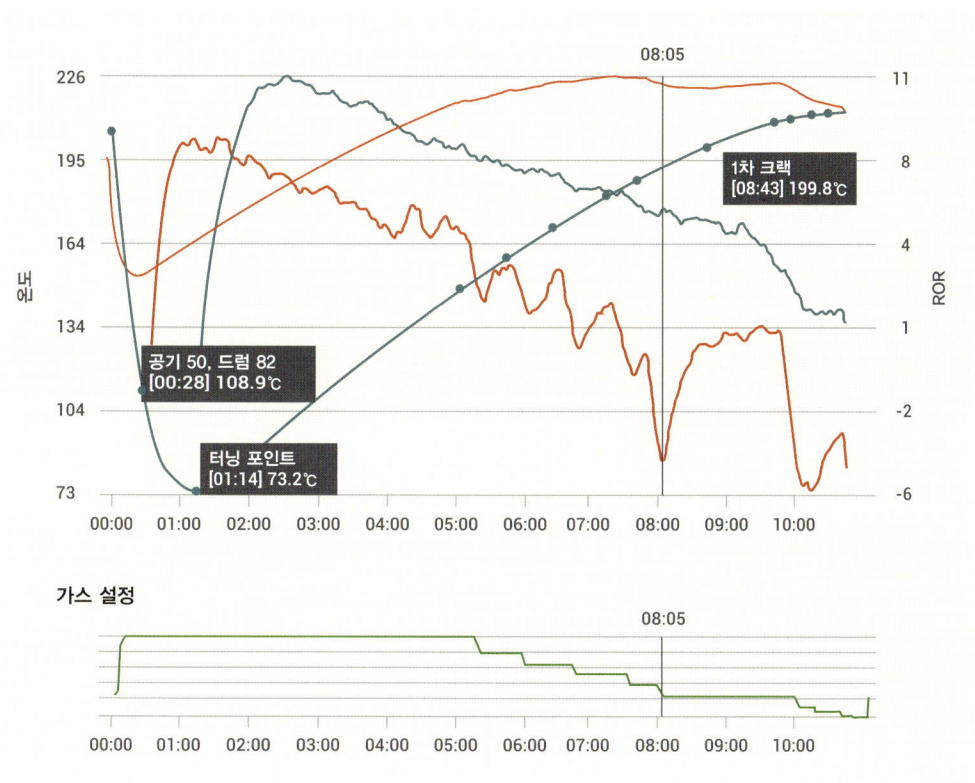

이 차트를 보고 의문을 제기할 수도 있다. 공기 ROR 곡선이 푹 꺼지는 시점이 오기 직전에 가스를 줄였는데, 이 가스를 줄인 것 때문에 공기 ROR 곡선이 푹 꺼진 것 아니냐고 말이다. 물론 가스 공급을 줄이면 공기 ROR 곡선이 내려간다. 그렇지만 해당 시점은 공기 ROR 곡선이 크게 떨어졌다가 다시 회복하는 모습이 다른 어떤 시점보다도 더 확연히 나타난다. 이 점에서 해당 시점은 1차 크랙을 알리는 진정한 지표이다. 이 차트에서 로스터는 1차 크랙을 8분 43초로 잘못 적었는데, 아마도 크랙 소리를 듣기 어려웠기 때문일 것이다.

으로 커피콩의 ROR이 떨어질 때 공기 온도와 공기 ROR이 높아지는 현상을 설명할 수 있다. 수분이 커피콩 주변에 모종의 힘을 발휘하여, 커피콩의 표면은 식히면서 뜨거운 공기와 만나는 것을 막는다.

나는 공기 ROR이 급상승하려는 순간이 1차 크랙이 시작되는 객관적인 지표라 생각한다. 공기 ROR이 급상승하는 현상이 모든 배치에서 나타나는 것은 아니지만(일부 디카페인 커피와 건식 커피) 대다수 커피와 로스팅 머신에서 공기 ROR 지표는 잘 들어맞는다. 공기 ROR 곡선이 바닥을 치기 직전에 로스터가 가스 설정을 내렸다면, 1차 크랙 시작점을 어느 시점에 표시해야 할지 판단해야 할 상황이 발생할 수는 있다.

13
이것저것

간접 가열식 로스팅 머신의 로스팅 전략

간접 가열식 로스팅 머신의 일반적인 로스팅 방식은 팬 속도는 차츰 높이고 가스 설정은 계속 낮추는 것이다. 간접 가열식 로스팅 머신에는 '버너 박스'라는 부분이 있는데, 버너 박스의 온도는 언제나 로스팅 온도보다 훨씬 높다. 먼저 할 일은 투입 전 버너 박스의 온도 안정화이다. 배치 진행 중 팬 속도를 점차 높이고 가스 공급량은 점차 내리는 방식으로 버너 박스의 온도를 제어하고, 버너 박스에서 로스팅 챔버로의 열전달을 관리하자. 팬 속도가 최고치에 도달하면 ROR이 내려갈 수 있게 버너 박스의 온도를 내려야 한다. 간접 가열식 로스팅 머신은 다른 대다수 로스팅 머신 유형과는 달리 버너 박스의 열과 로스팅 챔버로 이동하는 열 사이의 균형을 제어하기 위해 팬 속도를 잘 계획해야 한다. 간접 가열식 로스팅 머신으로도 매우 훌륭하게 로스팅할 수 있지만, 이를 위해서는 에어플로 제어 기술이 뛰어나야 한다.

전기 로스팅 머신

나는 전기 로스팅 머신으로 로스팅하는 것을 좋아하지만 경험은 많지 않다. 한정적인 경험 중 가장 성공적이었던 접근법은 간접 가열식 로스팅 머신에서 권했던 것과 유사한 방식이다. 전기 로스팅 머신에 대해 한마디 하자면, 가스를 열원으로 사용하는 로스팅에 비해 화력을 내린 뒤 버너의 열 응답 '지연'이 더 큰 편이다. 그러므로 로스터는 버너 세팅을 더 일찍 내리거나 더 많이 내려 지연에 대비해야 한다. 전기 로스팅 머신을 사용해 성공적으로 로스팅할 수는 있지만, 가스 로스팅 머신을 사용할 때에 비해 언제 어떤 작업을 해야 할지 계획을 잘 짜야 한다. 전기 로스팅 머신을 구매할 생각이라면, 버너의 열 응답 지연이 크지 않은 것을 선택하자.

이것저것

소위 마이야르 단계 중 시간 관리에 신경 쓰지 않는 이유

로스팅 중 소위 마이야르 단계에서 시간을 제어하는 데 무관심한 이유가 무엇이냐는 질문을 자주 듣는다. 이유는 간단한데, 그런 제어가 어떠한 가치가 있는지 알 수 없을 뿐더러, 설사 가치가 있다 치더라도 그보다는 ROR 곡선을 부드럽게 내려가게 하는 데 집중하는 편이 더 낫기 때문이다. 마이야르 반응을 길게 끌고 가면 로스팅 중반의 ROR 곡선은 평소보다 아래쪽 영역에서 평평하게 뻗는다. 그러면 이후 ROR 크래쉬가 오거나, 약간 거칠게 흘러간다. 결국, 마이야르 단계를 늘이는 데 치중하면 커피가 베이크드해질 위험이 높아진다. 마이야르 단계에서 시간을 제어하는 것을 찬성한다면, 아래 내용을 읽어 보고 다시 생각해 보길 바란다.

커피로스팅 2

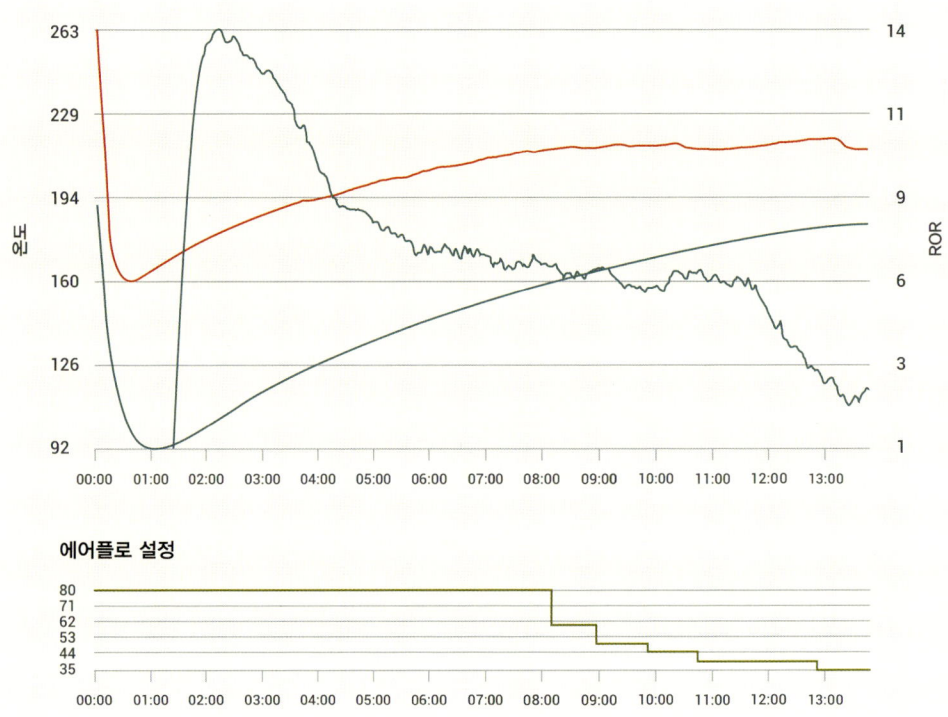

이 로스팅은 마이야르 단계를 크게 늘렸고 그 결과 베이크드한 맛이 났다.

- 마이야르 단계의 시간을 늘리는 동안, 마이야르 반응 속도는 느려진다.
- 마이야르 단계의 시작과 끝 지점은 정확히 알 수 없다.
- 마이야르 단계의 시간을 의도적으로 늘릴 경우, ROR 곡선을 부드럽게 떨어뜨리는 것은 포기해야 한다. 그런데 ROR 곡선이 부드럽게 내려간 배치의 음료가 더 장점이 많다.
- 마이야르 단계의 시간을 제어한다고 해서 어떤 향미가 날 거라고 예측할 수

는 없다. 빠른 로스팅과 느린 로스팅에서 마이야르 단계의 타이밍이 다르지만 그럼에도 맛은 매우 유사할 수 있다.

물론 마이야르 단계의 시간 차이에 따라 맛이 달라질 수 있다. 그러나 이 원인이 마이야르 단계의 시간 차이 때문이라고만 보기엔 너무 성급하다. ROR 곡선 형태도 서로 다를 것이 분명하기 때문이다. 그리고 ROR 곡선은 마이야르 단계의 시간 차이보다 향미를 더 잘 예측할 수 있다.

필터 커피용 로스팅, 에스프레소용 로스팅

필터 커피용 로스팅과 에스프레소용 로스팅이 달라야 하느냐는 질문을 수없이 받는다. 이럴 때 나는 "아마 그렇겠지만 그보다는 '블랙 커피' 로스팅과 '화이트 커피' 로스팅의 차이에 집중하는 게 낫습니다." 라고 대답한다.

경험상, 에스프레소에 이상적인 로스팅과 필터 커피에 이상적인 로스팅 사이의 차이는 추출 방법이 다르기 때문에 발생한다. 품질과 용량 면에서 필터 추출과 에스프레소 추출의 차이를 줄일 수 있다면, 로스팅 차이 또한 줄일 수 있을 것이다.

예를 들어, 커피 굴절계가 널리 사용되기 전, 제3의 물결에 해당하는 바리스타들은 필터 추출에서는 수율이 20%로 균형 있는 커피를 제조했지만 에스프레소 추출에서는 수율이 18% 미만으로 맛이 날카롭고 시큼하며 과소 추출된 리스트레토 스타일 커피를 만들기 일쑤였다. 그러자 로스터들은 거친 신맛을 누그러뜨릴 수 있는 강로스팅 로스트를 제공했다. 만약 바리스타들이 추출 시간을 늘려 수율을 필터 추출과 유사하게 맞추었다면 강로스팅한 에스프레소용 커피는 그다지 필요하지 않았을 것이다. 우연찮게도, 바리스타들은 추출 수율을 높여 균형 잡힌 에스프레소

커피로스팅 2

를 뽑아냈고 로스터들도 에스프레소용 로스팅 강도를 낮추어 제공했다.

나는 집에서 DE1PRO 에스프레소 머신을 사용한다. 에스프레소를 뽑을 때는 필터 추출에서 차용한 '블루밍(blooming, 적시기)'와 '펄싱(pulsing, 나누어 물주기)' 같은 기술을 쓴다. 자작 에스프레소 제조 키트 도구들을 사용해 만든 결과물은 동일한 커피콩을 사용해 만든 필터 커피와 향미 균형 면에서 거의 차이가 없다. 집에서는 매우 약하게 로스팅한 커피로 에스프레소와 필터 커피 모두 만든다.

이것 저것

'블랙 커피'용 로스팅, '화이트 커피'용 로스팅

블랙 커피(에스프레소, 아메리카노, 필터 커피)용 로스팅과 화이트 커피(라떼, 카푸치노, 기타 우유 함유 음료)용 로스팅은 접근법이 다르다. 블랙으로 마시는 커피에 필요한 이상적인 향미 균형은 우유를 넣어 만드는 커피 음료에서 필요한 이상적인 향미 균형과는 다르기 때문이다. 논쟁의 여지는 있지만, 산미가 좋고 과일 느낌이 드는 원두는 블랙에 맞고, 산미가 적고 무게감이 많으면 우유를 잘 받쳐 줄 것이다.

    핵심은, 블랙 커피용 로스팅과 화이트 커피용 로스팅은 달라야 하며, 필터 커피용 로스팅과 에스프레소용 로스팅은 일단 추출 품질이 어떻게 다른지 알고 나서 작업해야 한다는 점이다. 필터 커피와 에스프레소를 동일 수율로 추출하고 맛 프로필도 동일하게 할 수 있다면 양쪽 모두에 사용 가능한 로스팅을 할 수 있다. 필터 추출과 에스프레소 추출 간 품질 차이가 너무 크다면, 에스프레소용 커피를 좀 더 강하게 로스팅하는 것이 낫다.

14
로스팅 후의 품질 관리

색도 측정

원두의 색도 측정으로 로스팅 발현을 가늠할 수 있다. 커피콩의 외부 색상으로 최종 로스팅 색상을 알 수 있으며, 분쇄 입자의 색상으로 커피콩 내부의 로스팅 발현이 어느 정도인지 추정할 수 있다.

커피콩의 외부 색상과 커피 입자의 색상을 수치로 나타낼 수 있으면, 두 수치의 차이를 계산할 수 있다. 논쟁거리이긴 하지만, 이 수치의 차이는 커피콩이 얼마나 고르게 로스팅되었는지 보여 준다.

경험상, 흔히 사용하는 색도 측정 기기들은 수치가 거의 동일하지만 기기 가격 차이는 크다. 색도계를 구매하기 전에, 먼저 그 가격과 자료의 가치, 측정에 필요한 분쇄 커피의 양을 확인해야 한다. 어떤 기기는 한 번 측정에 거의 150g의 분쇄 커피가 필요하다. 그에 비해 7g만 사용해도 되는 기기도 있다. 사용하다 보면 유지 비용도 꽤 부담이 될 수 있다.

측정에 필요한 분쇄 커피 요구량이 가장 적은 색도 측정기는 아마 토리노(Torino) 제품일 것이다.

로스팅 후의 품질 관리

무게 감소 측정

매 로스팅 배치마다 무게 감소 비율을 측정하는 것이 좋다. 무게 감소 비율을 계산하면 로스팅 발현과 로스팅 균일성을 바로 알 수 있다. 초기 수분 함량이 일정하다면, 무게 감소가 많을수록 로스팅 발현도 더 많이 됐다고 볼 수 있다.

> (생두 무게 − 원두 무게) / 생두 무게 = 무게 감소비%

로스팅 발현을 나타내는 다른 지표

조금 진부하겠지만, 원두를 깨물어 보거나 손가락으로 깨뜨려 속을 보면 로스팅 발현 정도에 대해 감을 잡을 수 있다. 간략히 말해, 발현이 잘 된 원두가 더 쉽게 깨진다.

주의가 필요하지만 추출 자료로도 로스팅 발현을 추정할 수 있다. 약-중 로스팅한 커피의 경우, 발현이 잘 된 원두의 평균 추출 수율이 더 높다. 2차 크랙이 시작된 이후 배출한 강로스팅 커피는 수용성 성분 일부가 사라진다. 그래서 매우 강하게 로스팅한 경우 잠재적 추출 수율은 떨어진다.

그렇지만, 추출 자료만 보고 로스팅 발현을 알아내기는 어렵다. 이 자료값이 유효하다고 확신하려면 특정 추출 작업을 복제 수준으로 재현할 수 있어야 한다. 즉, 커피를 열 번 뽑았는데 열 번 다 추출 수율이 매우 좁은 범위(예를 들어 21.0-21.5%) 안에 들어가야 한다는 말이다. 이런 수준에 도달해서야, 같은 커피를 나누어 로스팅했는데 뒤쪽 배치의 추출 수율이 20.0-20.5%가 나왔을 때 뒤쪽 배치는 발현이 덜 되었다고 확신할 수 있다. 자신이 내린 결론이 맞는지 확인하고 싶다면, 첫 배치

커피로스팅 2

를 다시 추출해 추출 수율이 원래 범위 그대로인지를 확인하는 것이 좋다. 이렇게 하면 시간이 지나면서 일부 추출 변수가 변했을 가능성을 거를 수 있다. 만약 균일한 추출 수율을 유지하기 어렵다면, 추출 자료에서 발현 정보를 추론하는 것은 신중할 필요가 있다.

15

샘플 로스팅과 커핑

샘플 로스팅과 커핑은 생두를 평가해 구매 결정을 내릴 때 사용하는 기본 방법이다. 커핑은 프로덕트 로스팅 결과물을 평가하고 비교할 때도 사용한다. 이상적으로는 맛을 보는 사람(taster, 테이스터)에게는 샘플 로스팅과 커핑 준비 과정이 보이지 않아야 한다. 또한 로스팅과 추출을 체계적이고 균일하게 진행해야 맛보는 이의 기호에 영향을 미치지 않는다.

샘플 로스팅

최근에는 다양한 샘플 로스팅 머신이 폭발적으로 등장하고 있어서 샘플 로스팅에 대해 세부적으로 조언하기가 어려워졌다. 샘플 로스팅에서는 커피 100g을 빠른 시간 안에 약로스팅한다. 대부분의 샘플 로스팅 머신은 100g 용량을 로스팅하기에 넘칠 정도로 화력이 넉넉해서 로스팅 발현이 매우 쉽다. 7분 만에도 가능하다.

    샘플 로스팅 머신의 로스팅 프로필을 프로덕트 로스팅 머신에 적용하는 것은

커피로스팅 2

불가능하다(다음 글을 참조하기 바란다). 그래도 크롭스터나 아티산 같은 소프트웨어를 사용해 샘플 로스팅 자료를 반드시 기록해야 한다. 대개 샘플 로스팅은 익숙하지 않은 생두를 단 한 번 로스팅하기에 꽤 도전적인 작업이다. 로스팅 자료상으로 샘플 로스팅이 그다지 잘 된 것 같지 않으면(예를 들어 하드 ROR 크래쉬가 온 경우), 커퍼는 샘플을 다시 만들어 달라고 요청하거나, 로스팅이 잘 안 된 샘플 점수를 매길 때 참작한다.

샘플 로스팅 자료에서 알아낼 수 있는 것과 알아낼 수 없는 것

지금도 내용이 정반대인 소문이 퍼져 있긴 한데, 샘플 로스팅 머신의 로스팅 프로

샘플 로스팅과 커핑

필을 프로덕트 로스팅 머신에 적용하는 것은 불가능하다. 앞서 말했듯이, 커피콩 온도 수치는 객관적이지 않고, 커피콩 표면 온도를 정확히 반영하지 못한다. 커피콩 온도계 프로브의 질량과 위치, 프로브를 둘러싼 공기 온도는 모두 온도 계측에 영향을 준다. 샘플 로스팅과 프로덕트 로스팅 시간이 동일하고 온도계도 같고 자료값조차 동일하다 할지라도, 그 결과물의 맛은 다를 것이다.

샘플 로스팅 수치에서 알아낼 수 있는 것은 로스팅 머신에서 일어나는 커피의 변화에 대한 일반적인 정보다. 일반적인 샘플 로스팅(예를 들어 배치 용량, 투입 온도, 가스 설정 등을 동일하게 한 경우)에서는 특정 커피가 다른 커피에 비해 나타내는 양상, 예를 들어 로스팅하는 데 들어가는 에너지, ROR 크래쉬 여부, ROR 크래쉬 시기,

1차 크랙 시기 등을 짐작할 수 있다. 이런 정보가 있으면 프로덕트 로스팅에서 가스를 공급할지, 특정 사건들은 언제 일어날지에 대한 통찰을 얻을 수 있다.

커핑 방법

커핑은 생두 샘플이나 프로덕트 로스팅 결과물을 맛보고 평가하는, 전 세계적으로 통용되는 품질 관리 프로토콜이다. 다른 추출법으로 품질을 평가하고 싶을 수도 있겠지만, 일단 각 샘플을 커핑하는 것부터 시작하기를 권한다.

커핑은 비교할 샘플 수가 많을 때 편리하다. 이견도 있지만, 문제가 일어날 여

샘플 로스팅과 커핑

지가 적은 가장 쉬운 추출법이다. ─특별한 기기나 필터가 필요하지 않으며 퍼콜레이션 방식에서 일어날 수 있는 채널링 위험이 없다. 채널링 문제가 있으면 떫은 맛이 나타나고, 음료를 제대로 비교하기 어렵다.

구매 여부를 결정할 목적으로 생두 샘플을 평가할 때는, 가능한 모든 샘플을 동일하게 로스팅하고 동일하게 추출하여, 음료 맛의 차이가 오직 생두 품질 차이에서만 기인하도록 한다. 간단하면서 쉽게 재현할 수 있는 커핑 프로토콜도 필수다.

표준 커핑 절차:
- 충분한 양의 물을 끓인다.
- 7-12그램의 커피를 중-미세 설정(EK 그라인더로는 11:00-11:30, 꼼꼼한 사람이라면 입자 크기 최대값이 대략 500마이크로미터가 되도록)으로 분쇄한다.
- 커핑 잔의 자체 무게(tare)를 잰다.
- 커핑 잔에 커피가루를 담는다.
- 물이 끓는점에서 몇 도 내려갔을 때(대략 97℃) 커핑 잔에 붓는다.
- 물은 커피가루 무게 대비 17배 이상 필요하다. 예를 들어 커피를 잔당 10그램 담았다면 물은 잔당 170그램을 붓는다.
- 첫 번째 잔에 물을 부을 때 타이머를 켜고, 나머지 잔에도 차례대로 물을 붓는다.
- 커핑 중 스푼을 헹굴 수 있게 헹굼용 잔을 몇 개 준비하고 물을 채워 놓는다.
- 타이머가 4분이 되면 스푼으로 첫 번째 잔 표면을 저어 '덩어리를 깬다'.
- 향을 들이마시며 휘저어 커피 입자를 가라앉힌다.
- 나머지 잔도 물을 부은 순서대로 덩어리를 깨고 커피 입자를 가라앉힌다.
- 각 잔을 살펴보고 표면에 있는 찌꺼기는 제거한다.
- 커피 음료의 온도가 섭취하기에 알맞게 식는 11분-13분째, 동일 시점에서 음료를 흡입한다.
- 대략 한 스푼 분량을 거세게 흡입해 커피액이 입속 전체에 분무되게 한다. 각 잔마다 몇 번씩 샘플을 흡입하고 기록한다.
- 커피 음료의 온도가 실온 정도로 식으면(대략 30-60분 정도 지난 뒤) 다시 음료를 맛본다.

커피로스팅 2

주의:

- 커피 무게를 재는 최소 단위는 0.1g이다.
- 잔마다 물 무게는 몇 그램 정도 다를 수 있지만, 커피 무게를 0.1g 이내로 정밀하게 계량했다면 의미 있을 정도의 차이는 없다.
- 커핑용 스푼은 둥글고 깊어야 한다.
- 입속 전체에 커피액을 분무하면 커피 방울의 표면적이 늘어나 향이 더 잘 느껴진다.
- 커피가 따뜻할 때와 식은 뒤에 각각 커핑하는 것이 중요하다. 어떤 결점은 식은 뒤에 더 쉽게 드러난다.
- 음료를 스푼으로 떠서 흡입한 뒤에는 매번 스푼을 헹구고 천에 두드려 물기를 털어낸다.
- 음료를 뱉을 별도 용기를 마련해서 카페인을 너무 많이 섭취하지 않도록 한다. 흡입한 뒤에 매번 뱉는다.

커핑에는 아주 엄격하지는 않지만 표준 절차가 있다. 미국의 로스터리에서든 케냐의 생두 옥션에서든 비슷하다. 여기서 소개한 절차는 일반적인 것이다. 당신이 커피 산업에 종사하고 여러 장소에서 커핑할 기회가 있다면, 이와 유사한, 때로는 조금 부정확한 커핑 프로토콜을 접할 수 있을 것이다.

'에스프레소용 로스트' 커핑하기

에스프레소용 로스팅 커피는 굳이 커핑하지 않으려는 로스터가 많다. 하지만 이건 실수이다. 커핑은 추출 목적에 상관 없이 로스팅 품질을 평가하는 가장 효율적인

샘플 로스팅과 커핑

방법이기 때문이다. 에스프레소 추출은 변수가 많은 과정이어서, 추출 문제 때문에 발생한 결점도 로스팅 때문이라고 오판할 수 있다. 커핑을 통해 에스프레소 샷에서 어떤 맛이 날 것이라고 정확히 집어내기는 불가능하겠지만, 커핑은 로스팅 품질을 평가하는 가장 신뢰할 만한 방법이다. 어떤 커피가 커핑 결과는 좋은데 에스프레소로는 그다지 좋지 않다면, 추출에서 어떤 문제가 있었는지 확인할 필요가 있다.

어떤 로스팅 결과물을 에스프레소로 추출했을 때 맛이 잘 나오게 하려면 과소추출되지 않게 커피콩에서 기체를 충분히 빼야 한다. 며칠 전 로스팅한 신선한 원두를 쓴다면 에스프레소 추출 40-60분 전에 분쇄해야 한다. 또는 원두 상태로 10-15일간 두었다가 분쇄 즉시 추출하자.

갓 로스팅한 커피 커핑하기

컨설팅을 하다 보면 고객의 로스팅 능력을 바로 향상시켜야 할 때가 있다. 이럴 때는 로스팅 결과물을 커핑하기 위해 로스팅 후 하루를 기다리는 방식은 실용적이지 않다. 제대로만 한다면, 로스팅하고 바로 커핑해도 로스팅 온도 곡선 수정을 위한 빠른 피드백 제공이 가능하다.

커피로스팅 2

샘플 로스팅과 커핑

로스팅 머신에서 갓 배출한 커피를 커핑할 때는 커피콩의 속까지 충분히 식힌 뒤 분쇄하는 것이 가장 중요하다. 커피콩의 표면은 냉각조에서 3-4분만 있어도 만지면 시원하게 느껴질 정도로 식지만, 커피콩의 내부는 1-2분 정도 더 두어야 실온 정도로 식는다. 커피콩이 완전히 식지 않으면 잘 부서지지도 않고 입자도 제대로 퍼지지 않는다. 그러면 과일향은 부족하고 씁쓸하고 불쾌한 향이 난다. 커피콩이 완전히 식은 후 분쇄한다 해도 하루 뒤에 커핑하는 것과는 맛에 차이가 있을 것이다. 하지만 그 정도면 다음 배치를 어떻게 수정할지 힌트를 얻기에는 충분하다. 오히려 베이크드한 향미, 발현이 제대로 되지 않은 향미, 로스티한 향미는 로스팅한 지 수 분 안에 커핑할 때 잘 감지된다. 같은 커피를 여러 번 연속 로스팅할 필요가 있다면, 로스팅 머신에서 배출한 즉시 커핑해 즉각적인 피드백을 함으로써 각 배치를 점차 개선할 수 있을 것이다.

16
커피의 저장

생두 포장

내가 로스팅을 시작했던 무렵에는 모든 생두가 느슨하게 짜인 마대자루에 담겨 왔다. 이런 포대는 냄새나는 오염 물질이나 수분으로부터 커피를 거의 보호해주지 못한다. 이후 15년 사이, 고품질 커피는 그레인프로(Grainpro) 같은 합성 수지 포대에 밀봉 상태로 배송하는 것이 표준이 되었다. 합성 수지 포대 포장은 킬로그램당 수십 원 정도 단가가 더 높지만, 이 정도면 굉장히 저렴한 비용이다. 이 포장 덕분에 선적 중의 품질 손실이 줄어들고 에이징도 천천히 진행되기 때문이다. 합성 수지 포대를 쓰면 운송 중 생두 점수가 1-2점 떨어지는 것을 방지할 수 있다. 스페셜티 커피 세계에서 1점은 파운드당 0.15-0.75달러(킬로그램당 400원에서 2000원, 시장 상황에 따라 다르다)의 가치가 있다. 그러므로 합성 수지 포장은 매우 탁월한 투자이다. 스페셜티 등급 아래의 커피도, 합성 수지 포장을 하면 투자 대비 이익이 크다.

커피의 저장

생두의 장기 보관

저장 환경의 온도가 낮을수록 생두 노화를 더디게 할 수 있다. 극단적으로 말해, 생두를 얼리면 거의 노화 없이 수 년 이상 신선함을 유지할 수 있다. 그렇다고 무조건 생두를 냉동하는 게 좋은 것은 아니다. 생두를 4-6주 이상 보관할 계획이라면 (지하 같은) 저온 환경에서 저장하는 것이 좋다. 실온 환경은 단기 저장에 적합하다. 가장 중요한 것은, 생두를 27℃ 이상 온도에서 오래 보관하면 안 된다는 점이다. 이런 환경에서 생두는 훨씬 빨리, 눈에 띄게 노화한다.

생두 저장과 로스팅 재현성

장기 보관 목적으로 생두를 아주 낮은 온도에 보관했다면, 로스팅하기 최소한 3일

전부터는 실온 또는 실온에 가까운 환경으로 옮긴다. 로스팅 전에 커피콩의 외부와 내부의 온도가 균일해지도록 충분한 기간을 주어 생두의 온도를 안정화하는 것이 매우 중요하다.

원두 보관

원두는 생두에 비해 훨씬 빠르게 노화한다. 생두에 적용되는 원칙은 원두에도 동일하게 적용된다. 밀봉 포장과 저온 환경은 커피를 보호하고 노화 진행 속도를 늦춘다. 로스팅한 지 1-2주 안에 사용할 계획이라면 꼼꼼히 밀봉한 용기에 두고 실온 보관하자.

제대로만 냉동한다면 원두 보관 기간을 수 년씩 늘일 수 있다. 냉동 커피는 실온 상태의 커피에 비해 더 잘 부서지고 분쇄했을 때 미분도 많이 나온다. 이런 점은

커피의 저장

에스프레소 추출에 적합하기 때문에 에스프레소 추출에 냉동 상태의 원두를 쓰는 것은 말이 된다. 이에 비해 필터 추출에는 미분이 많으면 좋지 않다. 그러므로 필터 추출용으로 커피를 분쇄할 때는 커피를 해동하는 것이 좋다.

가정에서 필터 추출용 커피를 냉동 보관한다면, 소량씩 밀봉 소포장하고, 소포장 단위로 실온에서 해동한 뒤 개봉 분쇄하는 것이 좋다. 많은 양의 커피콩을 냉동 보관해야 한다면, 장기간 최적 상태로 커피를 보관할 수 있는 소용량 진공 포장기를 마련하자.

분쇄 커피 보관

거의 대부분의 스페셜티 업계 종사자들은 추출 직전에 커피를 분쇄한다. 그렇지만 커피 로스터들의 도매 고객들, 예를 들어 레스토랑 고객들은 커피를 분쇄해 달라고 요청하는 경우가 흔하다. 이런 요청이 들어오면 분쇄 커피를 소분 진공 포장하는 것이 좋다. 특별히 더 신경 써서, 질소를 한 번 쏘았다 빼는 방식(nitrogen flush)을 쓰거나 산소 흡수 패치를 포장마다 넣기도 한다. 이렇게 포장한 커피는 몇 개월까지 신선도를 유지할 수 있다. 그렇지만 일단 포장을 뜯은 뒤에는 급속히 품질이 떨어지기 때문에 뜯은 즉시 추출해야 한다.

17
실수와 방해 요소

아래의 내용들은 가장 흔한 로스팅 실수들이다. 모두 쉽게 고칠 수 있다.

과도한 자료 가공

온도 자료에는 노이즈가 섞여 있고, 여기에서 의미 있는 정보를 얻으려면 어느 정도 매끄럽게 가공할 필요가 있다. 그러나 상당수 로스터들이 수치를 과하게 가공하는 바람에 온도 자료의 가치를 훼손한다. 온도 자료를 너무 매끄럽게 가공하면 실수한 부분, 일부 어긋나는 부분을 숨길 수 있다. 이런 점 때문에 일부 로스터들은 매끄럽게 처리된 자료를 좋아한다. 그렇지만 자료가 어떻게 보이는지보다 이 커피가 어떤 맛인가에 주의를 기울이는 사람이라면, 꼭 필요한 만큼만 가공해야 한다.

굵은 온도계 프로브

온도계 프로브가 너무 굵으면 자료를 과도하게 가공한 것과 비슷한 결과가 나타난

다. 프로브의 지름은 2.5-4mm에서 반응 속도와 노이즈의 균형이 잡힌 자료가 나온다. 앞서 언급했듯이, 굵은 프로브는 질량이 커서 반응 시간이 느리고, 결과적으로 실제보다 매끄럽고 지연된 자료를 만든다. 다음 그래프는 동일한 로스팅 배치를 3mm 굵기(푸른색)와 10mm 굵기(주황색)의 프로브를 사용해 추적한 온도 자료를 보여 준다. 3mm 굵기의 프로브를 사용한 자료는 1차 크랙 뒤에 문제가 됨 직한 볼록 현상이 나타나 있지만, 10mm 굵기의 프로브를 사용한 자료는 볼록한 형태가 사라진다는 점을 주의하자.

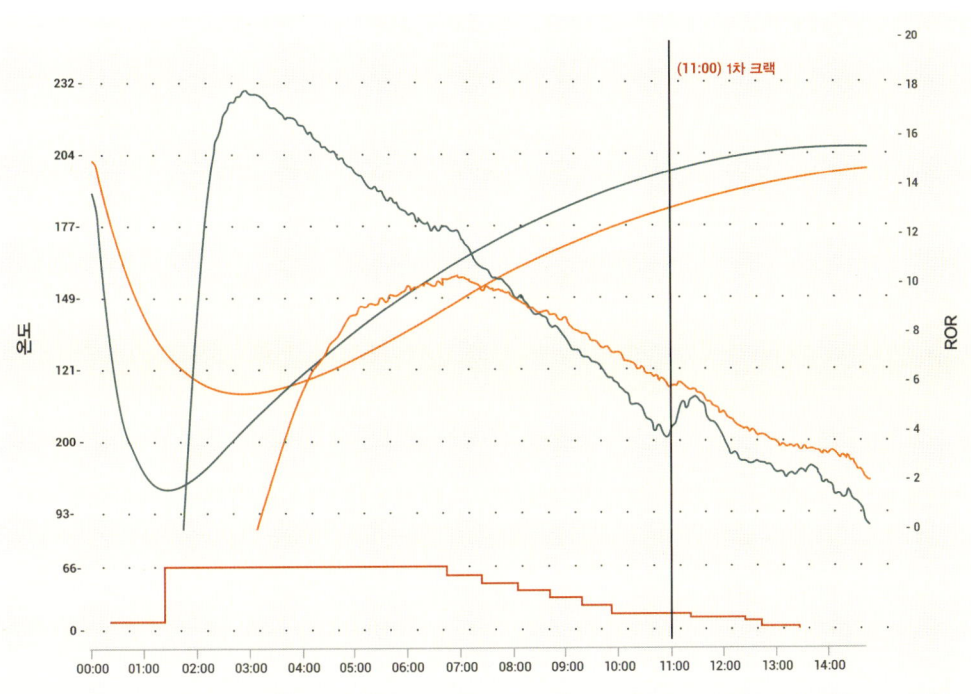

용량이 다른 배치가 너무 많은 경우

효율적인 사업을 위한 물류 작업과 최고의 로스팅을 하겠다는 노력은 때때로 충돌한다. 이런 충돌 중 가장 흔한 경우는 로스팅 배치 용량과 관련 있다. 이상적으로는 배치 용량을 단일화하고 쭉 유지하는 것이 좋다. 단일 용량으로 로스팅을 하면 커피를 마스터하기에도 좋고 각 배치 간 프로토콜도 이상적으로 진행할 수 있다. 반면 배치 용량를 바꿔 가면서 로스팅하려면 용량별로 온도 곡선을 마스터해야 하며, 로스팅 머신의 열에너지를 새로운 용량에 맞추기 위해 새로운 배치 간 프로토콜을 적용해야 한다. 배치 전환을 위한 배치 간 프로토콜을 적절하게 수행하는 것은 매

커피로스팅 2

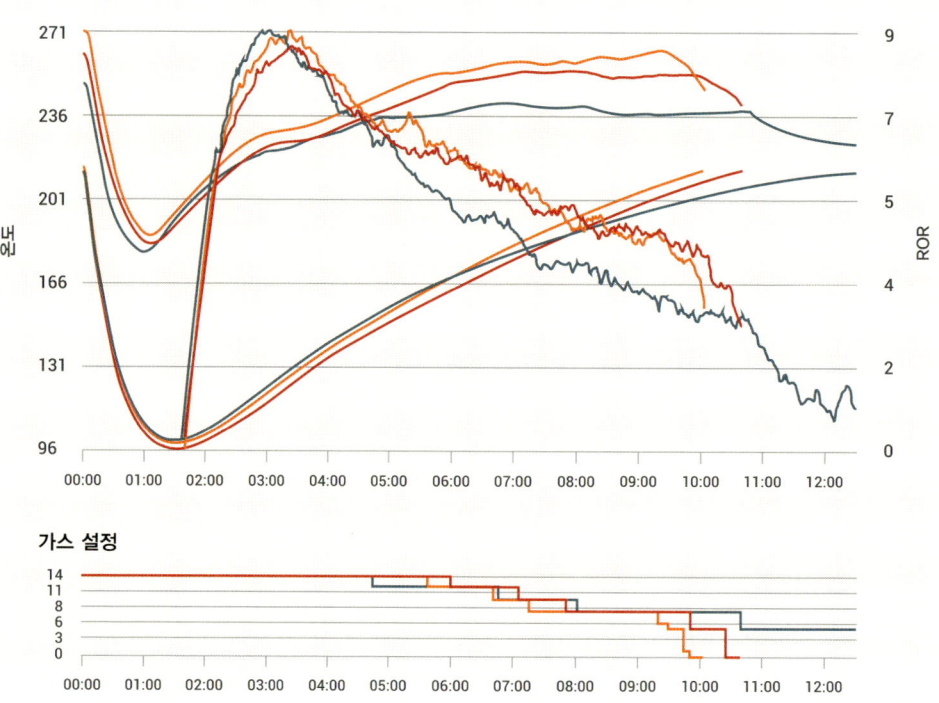

위 그래프는 같은 커피를 초기 가스 설정 등은 동일하게 두고 세 번 연속 로스팅한 수치를 보여 준다. 터닝 포인트 시점까지의 온도는 실제 온도가 아니지만, 로스터가 배치 간 프로토콜을 효과적으로 전개해 연속 배치 로스팅을 진행했다면 터닝 포인트 시점까지의 커피콩 온도 곡선은 완벽하게 동일했을 것이다.

우 어려운 작업이다.

　물론, 그럼에도 로스터가 배치 용량을 바꿔 가며 로스팅해야 할 때가 있다. 내가 하고 싶은 조언은, 배치 용량의 다양성을 줄이라는 것이다. 많아야 두 가지 정도 용량으로 표준화가 가능하도록 정리하고 배치 전환을 위한 배치 간 프로토콜을 마스터하는 데 최선을 다하자.

효과적이지 않은 배치 간 프로토콜

믿을 만하게 균일한 결과물을 생산하는 로스터가 드물다는 것은 커피 산업의 공공연한 비밀이다. 균일한 로스팅을 위한 첫 단계는 효과적인 배치 간 프로토콜 적용이다. 적절한 배치 간 프로토콜을 정확히 사용한다면, 동일한 온도 곡선이 나타날 것이다(5장에 그 예시가 있다).

자기 만족적인 커핑

로스터들은 신참이라도 자존심이 세다. 로스팅을 시작한 지 이제 몇 주일 정도 된 초보 로스터들 상당수는 자기 실력이 이 나라 상위 10%는 된다고 말한다. 자기가 만든 커피에 비평가가 되지 않고 팬이 되는 로스터들이 많다. 그리고 그 점 때문에 그들은 발전이 느리다. 커피를 사랑하는 사람이라면 편안하게 쉬면서 커피 음료 그 자체로서 즐기고 싶은 것이 당연하다. 그러나 전문가로서 자신이 만든 커피를 소비한다면, "이 커피를 어떻게 하면 더 낫게 할 수 있을까?"라고 줄곧 물어야 한다. 스스로에게 묻고 냉정하게 평가하는 것이 발전의 지름길이다.

로스터가 자신이 만든 커피를 비판적으로 분석하고 균형적인 시각을 유지하게 해 주는 방법이 몇 가지 있다. 여러 파트너들과 함께 커핑을 진행하는 것도 좋은 방법이다. 자신이 만든 커피와 다른 로스터들의 커피를 함께 블라인드 커핑하는 시간을 자주 갖자. 그리고 언제든 경험 많은 커피 전문가들에게 의견을 구하자.

18

소프트웨어와 자동화

로스팅 소프트웨어 유형

로스팅 소프트웨어는 유형별로 몇 가지가 있다.

- 간단한, 자유 데이터 기록형 소프트웨어(프리웨어)
- 더 정교한 프리웨어로서 데이터 기록을 비롯한 여러 기능이 있는 것
- 상업용 로스터리 운영 솔루션(유료)
- 통합 소프트웨어

간단한, 데이터 기록형 프리웨어(비전문가용)

앞서 언급했듯이, 데이터 기록 소프트웨어는 로스터가 기술을 마스터하기 위해 꼭 필요하다. 커피를 잘 로스팅하는 정도만 바라는 홈 로스터라면, 자유 데이터 기록

형 소프트웨어도 충분히 쓸 만하다.

여러 기능이 있는 정교한 프리웨어

전문 기술이 있으며 로스팅 자료 기록 외에 참조할 만한 온도 곡선 그래프 제작, 여러 각도의 로스팅 자료 분석, 높은 수준의 사용자 설정 모드를 원하는 이들은 아티산(Artisan) 같은 좀 더 정교한 프리웨어가 최선의 선택지가 될 것이다.

상업용 로스터리 운영 솔루션

로스터리 운영 솔루션(Roastery Management Solution, RMS)은 재래식 데이터 기록 기

능에 더해 기술 지원, 자동 재고 관리, 생산 계획 등의 효율성 증대 기능을 통합시킨 상업용 소프트웨어 팩이다. 크롭스터(Cropster)가 가장 잘 알려져 있다.

통합 소프트웨어

로스팅 머신 제조업체(프로밧, 디드리히, 기센 등)는 여러 종류의 로스팅 관리 소프트웨어를 내장형 또는 추가 구매 형태로 제공한다. 일반적으로 통합 소프트웨어에는 간단한 자료 기록 및 로스팅 자동화 기능이 있다. 로스팅 머신과 통합 소프트웨어를 함께 구매한 고객 중 통합 소프트웨어에 불만을 느끼고 결국은 크롭스터나 아티산으로 바꾼 경우가 많다. 경쟁 심리 때문에 로스팅 머신 제조업체들이 제3자 소프트웨어를 제공하기는 어려울 것이다. 그렇지만 그들이 제공하는 소프트웨어는 대체로 전문 업체에 비해 뒤떨어진다. 최근 2년 사이 로스팅 머신 제조업체와 로스터리 운영 솔루션 공급자가 협력 관계를 맺기 시작했다. 이는 로스팅 소프트웨어 시장이 성장하고 있으며 통합 소프트웨어가 더 빨리 개선될 것이라는 좋은 징조이다.

물론 모든 통합 소프트웨어가 실망스러운 것은 아니다. 만약 당신이 통합 소프트웨어에 흥미가 있다면 값비싼 애드온으로 통합 소프트웨어를 제공하는 업체보다는 호환 가능한 제품군(하드웨어, 소프트웨어, 데이터 관리)을 갖춘 업체를 선택하기 바란다. 새로 설치한 로스팅 머신에 통합 소프트웨어를 설치할 생각이 있다면, 반드시 해당 소프트웨어를 사용해 테스트를 진행하는 동시에 크롭스터로 실험 자료를 기록해야 한다. 그래서 해당 결과물의 단점을 개선하는 데 도움이 되는, 비판적인 시각을 갖도록 한다.

소프트웨어와 자동화

소프트웨어를 고르는 법

최적 소프트웨어를 고르려면 먼저 다음과 같은 질문에 답해 보자:

- 사업 목적의 로스팅이며, 문제가 발생해서 생산을 멈추면 손실이 크다? 상업용 로스터리 운영 솔루션이 최고의 선택지이다.
- 소용량 로스팅 머신을 사용하는 DIY형 홈 로스터이며 품질 향상 목적으로 로스팅 자료를 추적하려고 한다? 간단한 프리웨어로 당신이 원하는 모든 것을 할 수 있다.
- 로스팅하고, 참조 온도 곡선을 그리고, 방대한 로스팅 자료를 한 번에 분석하고 싶다? 모든 선택지가 가능하겠지만 통합 소프트웨어는 자료 해상도가 나쁜 편이고 프리웨어의 기능을 마스터하려면 기술적으로 능숙해야 한다. 그러므로 로스터리 운영 솔루션이 최적의 해법이다. 좀 더 기술적인 부분이 필요하다면 프리웨어가 선택지가 될 수 있다.
- 자료 기록과 로스팅 분석에 더해 생두 재고, 생두 샘플, 블렌드 조성, 여러 품질 관리 변수 자료를 추적하고 싶다? 로스터리 운영 솔루션이 가장 좋다.

로스팅 관리와 자동화

로스팅 머신과 소프트웨어 패키지에는 완전 수동과 완전 자동 및 여러 가지 반자동 옵션이 있다. 나는 로스팅 과정의 자동화라는 개념을 좋아한다. 내 말에 인상부터 찡그리지 말고, 이미 로스팅 과정의 거의 대부분이 센서, 밸브, 버너, 팬, 컴퓨터 등에 의존하고 있다는 점을 떠올려 보기 바란다. 이런 말이 무례하게 느껴질 수도 있겠지만, 자동화 반대파는 우리가 로스팅 과정의 상당 부분을 이미 기계에 의존하고 있다는 점을 무시한다. 자동화는 로스팅의 미래다. 다만 자동화를 위한 많은 시도들은 현재까지는 대체로 실망스러웠다.

수동 로스팅

수동 로스팅은 로스팅 과정 중에 작업자가 가스 설정과 에어플로 설정을 바꾸기 위해 레버를 당기거나 다이얼을 돌리거나 버튼을 누르는 작업을 해야 한다. 수동 작업으로도 커피를 멋지게 로스팅할 수 있다. 그러나 인간이 흔히 저지르는 실수, 그리고 사소한 불균일성 때문에 수동 로스팅으로 로스팅을 정밀하게 재현하기란 무척 어렵다. 수동 로스팅을 선호한다면, 기계 장치 및 자신의 기계 제어가 신뢰할 만큼 정밀한지 확인해 보자.

레시피 소프트웨어 시스템(반자동 제어)

이런 시스템은 사용자가 커피 배치를 담기 전에 가스 설정과 에어플로에 대한 '레시피' 프로그램을 쓸 수 있다. 소프트웨어는 로스팅 중 시간이나 커피콩 온도에 기반해 각 설정값을 수행한다. 잘만 사용한다면, 지금까지 내가 보아 온 어떤 자동화 시스템보다도 좋은 결과가 나온다. 이 레시피 시스템의 유일한 문제점이라면, 자체 특성과 정밀도에 따라서 1차 크랙 이후의 로스팅 제어는 수동으로 하는 것이 더 나은 경우가 많다는 점이다.

    레시피 시스템은 현재 통합 소프트웨어 시스템(Probat Pilot 등)이나 정교한 프리웨어(아티산 등, 이 프로그램은 사용자의 기술 수준이 높은 경우 유용하다) 및 크롭스터 사의 개스 컨트롤 & 리플레이 어시스트(Gas Control & Replay Assist)와 같은 로스터리 운영 솔루션에 포함되어 있다. 레시피 시스템을 택한다면, 로스팅 배치 작업마

소프트웨어와 자동화

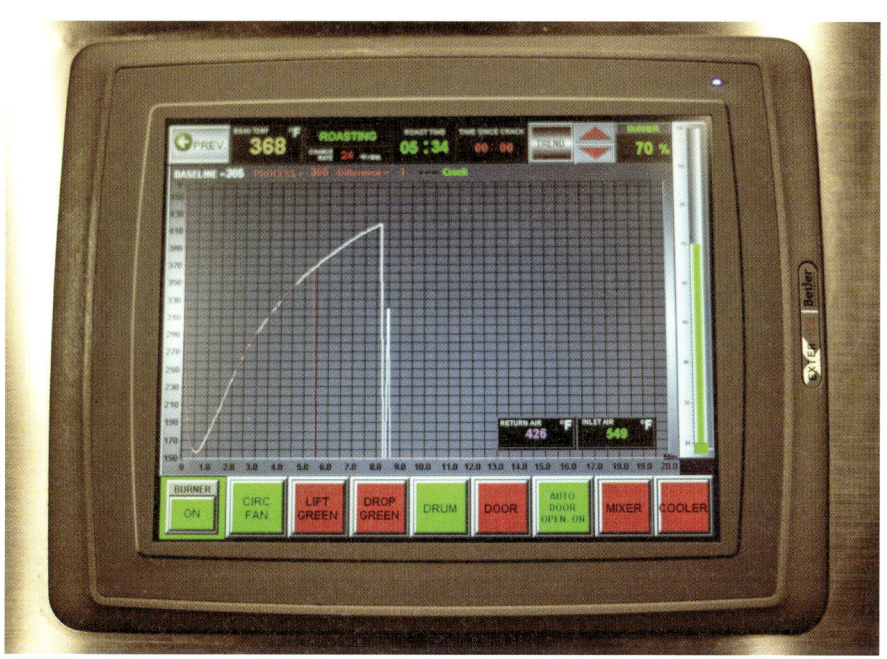

다 설정값을 얼마나 많이 입력할 수 있는지 확인하자(일부 오래된 통합 시스템의 경우 사용자는 배치별로 가스 설정값을 3-5개밖에 넣지 못하는데, 이 정도로는 부족하다).

자동화 프로파일링 시스템(완전 자동 제어)

대부분의 자동화 프로파일링 시스템은 배치 작업 내내 가스 설정과 에어플로를 미세 조정함으로써 앞서 진행한 로스팅 곡선을 복제하려고 한다. 이론상 이런 시스템은 다른 어떤 방식보다 우월하다. 그러나 지금까지 본 대부분의 프로파일링 시스템의 성능은 기대에 미치지 못했다. 목표 온도와 허용 오차 범위를 넘어버리는 일이 흔하고, 설정 온도와 현재 온도 차이가 너무 크면 과잉 반응해 가스 설정을 극소 또는 극대로 조정해 버렸다. 이런 경우 커피의 단맛이 사라질 수 있다.

제3자 자동화 시스템을 로스팅 머신에 설치할 수도 있다. 그러나 이런 시스템은 버그가 많아서 전문 기술진이 오랜 시간을 들여 조정해야 한다. 완전 자동화 시스템을 사기로 결정했다면, 통합 소프트웨어 구매 때와 동일한 조언을 하고 싶다. 호환 가능한 제품군 생태계(하드웨어, 소프트웨어, 데이터 관리)를 갖춘 업체를 선택하고, 해당 소프트웨어를 사용해 테스트를 진행해야 하며, 동시에 크롭스터를 사용해 실험 배치에 대한 자료를 기록해 로스팅 후 철저히 분석할 필요가 있다(시험 테스트는 크롭스터로 기록하는 것을 권한다. 크롭스터는 데이터를 고해상도로 볼 수 있어 자동화 소프트웨어로 인한 실수를 감지하는 데 도움이 된다).

19
소프트웨어 설치와 문제 해결

소프트웨어를 연결하기 전에 고려할 것

지금 사용하는 로스팅 머신에 통합 소프트웨어가 내장되어 있고, 이외에 로스터를 제어하고 자료를 기록하는 프로그램이 없다면, 이 시스템은 아주 잘 돌아갈 것이다. 그런 독자는 이 챕터를 볼 필요 없다.

이 챕터는 애드온 소프트웨어를 로스팅 머신에 설치하려는 독자를 위해 준비했으며, 크롭스터의 여러 전문가들의 도움으로 작성했다. 이 챕터를 보면 소프트웨어를 로스터에 연결하고 문제를 해결하는 데 도움이 될 것이다.

연결 준비물

제3자 소프트웨어를 연결할 때 필요한 것은 메모리 4GB 이상, 하드디스크 용량 500GB 이상으로 인터넷 연결이 가능하며 USB포트가 있는 PC 또는 맥(2013년도 이후 제품), 고해상도(1080픽셀 이상)를 지원하는 15인치 이상의 스크린이다. 또한 로

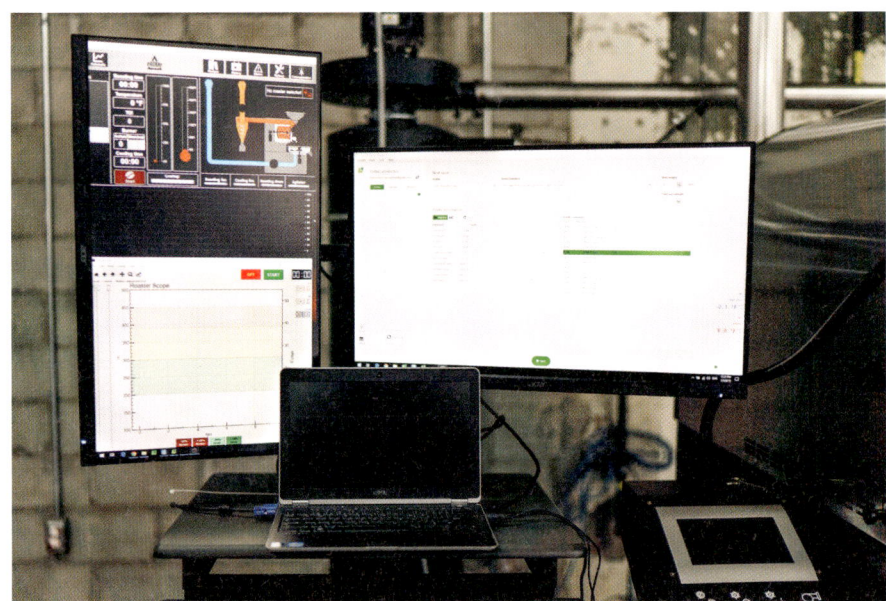

스터리 내부에서 인터넷 신호가 잘 잡혀야 한다.

로스터리에 맞는 컴퓨터 고르기

로스터리 내부에는 늘 먼지가 많다. 먼지 쌓이는 정도를 고려하면 대형 컴퓨터보다는 랩탑과 소형 컴퓨터가 관리하기에 더 낫다.

스크린 크기도 고려해야 할 요소이다. 로스팅 머신과 스크린이 멀리 떨어져 있으면 더욱 그렇다. 가능한 큰 스크린을 준비하길 권한다. 화면이 크면 로스팅 자료가 잘 보일 뿐만 아니라, 특히 카페에서 로스팅을 하는 경우라면 고객들의 이목을 끌고 로스팅 과정에 관심을 갖게 하는 훌륭한 홍보 수단이 될 수도 있다.

소프트웨어 설치와 문제 해결

컴퓨터 연결법

로스팅 머신 제조업체에서 만든 통합 프로파일링 시스템을 쓰기로 했다면 바로 적용할 수 있는 선택지는 많지 않다. 컴퓨터를 연결해 제3자 소프트웨어 솔루션을 쓰기로 했다면, 소프트웨어와 로스팅 머신을 연결하는 방법이 몇 가지 있다.

- 로스터에 이더넷(유선 인터넷) 또는 와이파이(무선 인터넷) 연결이 가능하다면, 랩탑과 연결할 수 있다. 이더넷 선이 와이파이 신호에 비해 더 신뢰성이 높다. 와이파이를 쓴다면 소프트웨어 개발자 매뉴얼을 참조해 와이파이 망에서 로스팅 머신을 찾는다.
- 로스팅 머신에 USB 연결이 가능하다면, USB 연결선을 사용한다. 안정적인 연결 유지를 위해 USB 연결선 길이는 3m 미만이 좋다.
- 로스팅 머신에 와이파이도, 이더넷 포트도, USB 포트도 없다면, 온도계 프로브와 소프트웨어를 연결해 주는 '피짓(Phidget)' 등의 데이터 브리지가 필요하다.

작동 여부 확인 방법

소프트웨어와 로스팅 머신을 연결한 뒤에는, 컴퓨터에 나타나는 정보가 로스팅 머신의 정보와 동기화 상태인지 확인하자.

- 원하는 수치(커피콩의 온도, 공기 온도 등)가 모두 화면에 나타나는지 확인한다. 그렇지 않다면, 소프트웨어의 설정 항목에서 이 메뉴를 활성화한다.
- 컴퓨터에 나타난 온도 수치와 로스팅 머신의 온도 수치를 비교한다. 두 수치

- 가 같아야 한다.
- 실험 로스팅을 진행하고 온도 곡선이 로스팅 머신의 세팅과 동기화 상태인지 확인한다.
- 로스팅을 마친 뒤 소프트웨어와 로스팅 머신 사이의 동기화가 유지되는지, 자료를 제대로 저장했는지 확인한다.

연결 및 자료 문제 해결

소프트웨어가 로스팅 머신과 제대로 연결되지 않거나 양쪽의 자료가 동일하지 않다면, 다음과 같은 문제 해결 단계를 밟는다.

- 모든 물리적 연결을 확인한다.
- 최근에 변경, 이동, 업데이트, 교체한 것이 있는지 확인한다.
- 관련 시스템에 연결된 모든 전원을 15-20초간 껐다가 다시 켜 본다. – 지원팀에서 말도 안 되는 소리라고 할 수 있겠지만 때때로 잘 먹힌다. 전원을 다시 켤 때는 컴퓨터를 먼저 켜고 로스팅 머신을 나중에 켠다.
- 제조업체 또는 지원팀에 연락한다. 프리웨어를 쓰고 있다면, 온라인 포럼에 조언을 구한다.

전문가의 조언과 피해야 할 단순한 실수

"전문가란 협소한 영역에서 할 수 있는 모든 실수를 해 본 사람이다."
　　― 닐스 보어

소프트웨어 설치와 문제 해결

크롭스터에서는 아래 사례를 모두 겪어 봤고, 간단하지만 어렵게 얻은 조언을 공유해 주었다.

- 센서에 대한 정보를 알아둔다. 온도계 유형이 J형 또는 K형 열전대인지 아니면 저항온도센서 같은 다른 유형인지 확인하자.
- 온도계 프로브를 접지하면 특히 선을 연결할 때 혼선이 일어나는 경향이 있다. 프로브의 접지 유무를 확인하려면 프로브를 꺼내 머신 앞면(머신이 켜져 있을 때)에 대어 본다. 프로브가 머신과 접촉할 때마다 온도계 수치가 실온보다 높게 튀어오를 것이다. 접지된 프로브는 권하지 않는다.
- 열전대 온도계를 쓸 경우 극성을 바꿔 연결하면 온도값이 다르게 변한다. 설치 작업 중 자주 일어나는 편이다.
- 열전대 온도계는 시간이 지나면 정확도가 떨어진다. 몇 년 주기로 교체하자.
- 정전기: 전선을 연결할 때는 고무 신발을 신고, 작업 전에 금속제 물체에 손을 접촉한다. 정전기는 전기기기에 안 좋은 영향을 줄 수 있다.
- 전선 작업을 할 때는 먼저 컴퓨터에서 USB 선이나 이더넷 선 연결을 끊고, 로스팅 머신의 전원은 끄자.
- 로스팅 머신과 소프트웨어를 와이파이나 이더넷으로 연결할 때에는 설치 기사가 있을 때 연결이 잘 되는지 확인하자.

용어

가스 딥 Gas dip 로스팅 중 ROR 크래쉬를 방지하기 위한 가스 조작 방식

간접 가열식 드럼 로스터 Indirectly heated drum roaster 버너 불꽃이 드럼과 직접 접촉하지 않는 로스팅 머신

공기 ROR Environmental temperature rate of rise(ETROR) 로스팅 중 시간당 공기 온도 변화율. 로스터는 공기 ROR 곡선을 분석해 1차 크랙 시작을 판별하곤 한다.

공기 온도 Environmental temperature(ET) 로스팅 진행 중 드럼을 빠져나가는 공기의 온도

과소 추출 Underextracted 커피 추출 중 수용성 물질을 충분하게 뽑아내지 못한 상태

기체 배출 Degas 저장 중인 원두 커피에서 기체가 방출되는 것

대류식 열전달 Convective heat transfer 유체의 이동에 의한 열전달

댐퍼 Damper 로스팅 머신 내부 에어플로를 제어하는 데 쓰는 기계 장치

델타 간극 수치(ROR 간격) Delta span(ROR interval) ROR 곡선을 그리기 위해 자료 평균값을 나타내기 위한 시간 간격

떫음 Astringency 특정 식음료를 섭취한 뒤에 느껴지는 입이 마르는 듯한 감각

로스터리 운영 솔루션 Roastery management solution(RMS) 자료 기록 방식에 더해 기술 지원, 자동화 재고 관리, 생산 계획 등 효율성을 높여 주는 항목을 추가한 상업용 소프트웨어 패키지

로스팅 발현 Roast development 로스팅 중 커피콩의 셀룰로스 성분이 부서지는 과정

리스트레토 Ristretto 짧은 시간에 뽑은, 즉 커피 대 물의 양이 적은 에스프레소 샷

용어

마이야르 반응 Maillard reactions 아미노산과 환원당 사이의 화학 반응으로 커피콩의 갈색 색상과 로스팅 향미에 기여한다.

미발현된 Underdeveloped 충분히 익거나 분해된 상태까지 도달하지 못한 원두

미분 Derivative 수학에서 다른 변수의 변화값에 대한 특정 변수의 변화율. 커피로스팅에서 ROR 곡선은 커피콩 온도 곡선의 미분값이다.

발현 시간 비율 Development time ratio(DTR) 특정 배치 로스팅 총 시간 중 발현 시간의 비율

발현 시간 Development time 1차 크랙 시작부터 해당 배치 로스팅이 끝날 때까지의 시간

배치 간 프로토콜 Between-batch protocol 배치 사이 로스팅 머신의 열에너지를 제어하고 리셋하는 방법

벌크 밀도 측정 Bulk density measurement 커피콩 같은 특정 물질의 밀도를 측정하는, 간단하지만 정확도가 떨어지는 방법

(밀도 측정을 위한) 변위 측정 Displacement measurement(for density) 물질의 밀도를 측정하는 방법

베이크드 Baked 빈약한 과일향과 밀짚 같은 느낌의 커피 향미. 로스팅 중 ROR 곡선이 급격히 떨어지는 경우 나타난다.

블랙 커피 Black coffee 우유 및 유제품을 넣지 않은 커피 음료

샘플 로스팅 머신 Sample roaster 배치 용량이 50g–500g 사이인 로스팅 머신

샘플 로스팅 Sample roast 대체로 100g의 소용량 배치를 로스팅하며, 통상 판매 샘플 생두의 구매 여부를 결정하기 위한 평가가 목적이다.

생두 Green coffee 로스팅하지 않은 커피

소크 Soak 로스터가 배치 로스팅 진행 중 첫 1–2분 동안 가스 설정을 내린 뒤 다시 높이는 방식

수분 함량 Moisture content 로스팅에서, 커피콩 속 수분이 무게

수분 활성도 Water activity(a_w) 사전에서는 물체 속 물의 부분 증기압을 물의 표준 부분 증기압으로 나눈 값 이라고 설명한다. 쉬운 말로, 식품 속 결합수의 대 자유수의 부피 비율을 말한다.

수주 인치 Inches of water column 물기둥 속 수면 높이를 1인치 높이는 데 필요한 압력

스코칭 Scorching 로스팅 중 커피콩의 표면이 불에 타는 것

스톨 Stall 로스팅 중 커피콩의 온도 상승이 멈추는 순간

아티산 Artisan 커피로스팅 및 여러 데이터 기록용으로 유명한 프리 소프트웨어

커피로스팅 2

압력계 Manometer 액체와 기체의 압력을 측정하는 기기

에어플로 Airflow 한쪽 공간에서 다른 쪽 공간으로 공기 이동. 에어플로는 커피로스팅 중 열전달과 오염원 제거의 주된 수단이다.

열 전도율 Thermal conductivity 어떤 물질이 열을 전달하는 정도

열 지연 Thermal lag 로스팅에서 온도계 프로브가 실제 온도를 반영하기까지 지연 시간

열에너지 Thermal energy 특정 시스템 내에서 온도를 결정하는 에너지

열전대 Thermocouple 두 금속 사이에서 발생하는 전압을 온도값으로 변환하는 온도 센서

옴니로스트 Omniroast 로스터나 바리스타가 에스프레소와 필터식 커피에 모두 사용하기 위해 동일한 원두 또는 동일한 로스팅 정도를 사용하는 것을 일컫는 커피 업계의 용어

재래식 드럼 로스터 Classic-drum roaster 수평 방향으로 설치된 회전 드럼이 가스 버너 또는 다른 열원 위에 설치된 형태의 커피 로스팅 머신

저항온도센서 RTD 로스팅에 사용되는 온도계 유형. RTD 방식은 금속의 전기저항 변화를 감지해 온도 변화를 측정한다.

전기 로스터 Electric roaster 전열식 버너를 열원으로 사용하는 로스팅 머신

전도식 열전달 Conductive heat transfer 직접 접촉에 의한 열전달

접지되지 않은 Undergrounded 열전대형 온도계의 연결 부위와 감싸는 부분을 접촉하지 않게 한 것. 이런 설계는 접지 루프 잡음이라고 불리는 노이즈를 방지한다.

제3의 물결 로스트 Third-wave roast 일반적으로, 스페셜티 등급의 커피를 약로스팅하는 것을 일컫는 말

증발 냉각 Evaporative cooling 물 증발을 이용한 냉각으로 로스팅 중 커피콩 표면에 증발 냉각을 적용할 수 있다.

지연값 Latency 원인과 결과 사이의 시간차. 커피콩 온도계 프로브에 커피콩 온도 변화가 반영되기까지 지연된 시간

채널링 Channeling 투과식 추출 중에 커피층을 통과하는, 더 크고 더 빠른 속도로 물이 흐르는 길이 생기는 것을 말한다.

캐러멜화 Caramelization 당의 갈변화

커퍼/커핑 Cupper/cupping 커핑은 커퍼가 수행하는 작업으로, 커피를 맛으로 평가하는 커피 업계 표준 방

식이다.

커피콩 온도 곡선(커피콩 곡선) Bean-temperature curve(bean curve) 배치 로스팅 작업 전 과정 동안 온도 지점을 시각적으로 표시하는 장치

커피콩 온도 프로브 Bean-temperature prove 로스팅 중 커피콩의 표면 온도를 측정하는 장치

크롭스터 Cropster 로스팅 및 로스터리 운영에 많이 사용되는 유명 소프트웨어 브랜드

탄화 Carbonization 유기물이 탄소로 변화. 로스팅 중 이 과정을 통해 커피콩은 검은색이 된다.

터닝 포인트 Turning point(the turn) 커피콩 온도 곡선에서 온도가 가장 낮은 지점

통합 소프트웨어 Integrated software 로스팅 머신 제조업체에서 제공하는, 내장형 또는 애드온 방식의 로스팅 관리 소프트웨어

투입 공기 온도 Inlet temperature(IT) 로스팅에서 버너에서 드럼으로 공기가 들어갈 때의 온도

투입 Charge 로스팅을 시작하기 위해 커피콩을 로스팅 머신 속으로 집어넣는 것

트라이어(샘플러) Trier 로스팅 머신의 전면에 장착된, 로스팅 중 커피콩 샘플을 채취하는 스쿱

티핑 Tipping 커피콩의 긴 방향 쪽 끄트머리의 탄 흔적

퍼콜레이션 Percolation 커피 추출에서 분쇄 커피층을 물이 통과하면서 수용성 물질을 커피액으로 추출하는 것

프로덕트 로스팅 Production roast 상업 판매용으로 로스팅한 커피 배치

프리웨어 Freeware 무료로 사용할 수 있는 소프트웨어

플릭 Flick 로스팅이 끝나는 시점에 ROR 곡선이 갑자기 높아지는 현상을 일컫는 커피 업계 용어

혼합용 날개판 Mixing vane 페달 형태의 돌출부로서 로스팅 드럼 속에서 커피를 휘젓고 섞는다.

화이트 커피 White coffee 카푸치노처럼 우유를 넣은 커피 음료. 주로 호주에서 많이 사용하는 용어

2차 크랙 Second crack 다크 로스팅 중 커피콩 구조가 부서지고 이산화탄소가 방출되면서 큰 소리가 나는 단계

ROR 간격(델타 간극 수치) ROR interval(delta span) ROR 곡선을 그리기 위해 자료 수치 평균값을 잡기 위한 시간 간격

ROR 곡선 ROR curve(ROR, BTROR) 로스팅 중 단위 시간 동안 커피콩 온도의 변화를 나타내는 곡선

ROR 크래쉬 ROR crash 로스팅 진행 중 ROR 곡선이 거의 수직에 가깝게 급격히 떨어지는 현상

지은이 **스콧 라오**Scott Rao는 바리스타, 로스터 겸 컨설턴트로서 커피 가공과 추출에 대해 활발한 저술 활동을 펼쳐 왔습니다. 《커피로스팅》, 《The Professional Barista's Handbook》, 《Espresso Extraction》 등을 비롯한 그의 책들은 합리성과 일관성에 기반한 방법 찾기를 통해 커피 산업 종사인 및 커피를 전문적으로 공부하는 이들에게 가장 효율적이면서도 실용적인 기술을 제공해 주었습니다.

옮긴이 **최익창**

2003년 고려대학교 법대 졸업
2010년 사단법인 한국스페셜티커피협회 사무지원팀장
2012년 수성구1인창조기업 '코페아룩스메아' 설립, 커피브리프 발간
2014년-현재 커피리브레 지식전략부장

1995년 커피자료 번역을 계기로 스페셜티 커피산업을 접하고
1997년 보헤미안 커피교실을 통해 커피산업의 가치와 소중함을 깨닫다.
이후 여러 커피업체의 일을 돕고 커피동호회에서 활동하면서
커피산업에서 필요한 지식의 정련에 힘써 왔다.

감수 **서필훈**

고려대학교 서양사학과 및 동대학원 졸업
안암동 보헤미안 커피하우스 실장 역임
현 커피리브레 대표

커피로스팅 2

초판 1쇄 인쇄 2020년 8월 21일
초판 4쇄 인쇄 2023년 4월 29일

지은이	스콧 라오
옮긴이	최익창
펴낸이	서필훈
펴낸곳	커피리브레
신고일	2012년 9월 5일
신고번호	제2012-000286호
주소	서울시 마포구 성미산로29길 17-8(연남동)
전화	02-325-7140
팩스	02-6442-7140
전자우편	choi@coffeelibre.kr
편집	윤은주
디자인	이새미
마케팅	류헌지
관리	이유림
회계	서승희
인쇄	이지프레스

ISBN 979-11-954848-6-7

* 잘못된 책은 바꾸어드립니다.